Kaul · Palmier

Quentin Tarantino

directed by

Susanne Kaul · Jean-Pierre Palmier

Quentin Tarantino

Einführung in seine Filme und Filmästhetik

2., erweiterte Auflage 2016

Wilhelm Fink

Umschlagabbildung:
Quentin Tarantino gibt Autogramme (28.07.2009)
© ullstein bild – Reuters, 2013

Bibliografische Information der Deutschen Nationalbibliothek

Die Deutsche Nationalbibliothek verzeichnet diese Publikation in der Deutschen Nationalbibliografie; detaillierte bibliografische Daten sind im Internet über http://dnb.d-nb.de abrufbar.

Alle Rechte, auch die des auszugsweisen Nachdrucks, der fotomechanischen Wiedergabe und der Übersetzung, vorbehalten. Dies betrifft auch die Vervielfältigung und Übertragung einzelner Textabschnitte, Zeichnungen oder Bilder durch alle Verfahren wie Speicherung und Übertragung auf Papier, Transparente, Filme, Bänder, Platten und andere Medien, soweit es nicht §§ 53 und 54 UrhG ausdrücklich gestatten.

2., erweiterte Auflage 2016 (1. Auflage 2013)
© 2016 Wilhelm Fink Verlag, Paderborn
(Wilhelm Fink GmbH & Co. Verlags-KG, Jühenplatz 1, D-33098 Paderborn)

Internet: www.fink.de

Einbandgestaltung: Evelyn Ziegler, München
Printed in Germany
Herstellung: Ferdinand Schöningh GmbH & Co. KG, Paderborn

ISBN 978-3-7705-6069-1

Inhalt

Einleitung   7

Tarantinos Filmästhetik   13

Drehbücher und sonstige Projekte   23

Reservoir Dogs (1992)   41

Pulp Fiction (1994)   55

Jackie Brown (1997)   67

Kill Bill: Vol. 1 (2003)   79

Kill Bill: Vol. 2 (2004)   93

Death Proof (2007)   107

Inglourious Basterds (2009)   121

Django Unchained (2012)   133

The Hateful Eight (2015)   147

Anmerkungen   163

Bibliografie   171

Filmografie   175

Einleitung

"Tarantino" ist ein Markenname im Filmgeschäft. Quentin Tarantino gilt einerseits als ein Regisseur, der Ideen, Musik und ganze Szenen aus der Filmgeschichte quer durch alle Genres zusammenklaubt, andererseits als einer der großen Film-Autoren. Nicht nur seine unverwechselbare Filmästhetik und die moralischen Provokationen seiner Filme, sondern auch seine unverblümten Selbstaussagen und sein American-Dream-Aufstieg von der Videothek zum Hollywood-Business haben ihn zum Star-Regisseur gemacht. Kritik an den Gewaltexzessen seiner Filme begegnet er unbekümmert mit dem Hinweis darauf, dass Filmgewalt keine reale Gewalt sei: Die Gewaltszenen seiner Filme zitieren Szenen aus anderen Filmen, wirken comicartig überzeichnet und sollen der Unterhaltung dienen.

Tarantino hat keine Filmhochschule besucht. Das gilt auch für andere populäre Regisseure wie Stanley Kubrick. Kubricks Filmemachen hat seinen Ursprung in der Fotografie, während Tarantino von frühester Kindheit an massenhaft Filme im Fernsehen schaut. Diese ‚Ausbildung', die sich mit Kinobesuchen und Videosessions fortsetzt, ist seinen Filmen anzusehen, denn sie wimmeln von Filmzitaten. Wie kommt es zu diesem exzessiven Filmverzehr? Tarantino wird am 27. März 1963 in Knoxville, Tennessee, geboren. Seinen Vater kennt er nicht; seine Mutter ist zu dem Zeitpunkt erst sechzehn Jahre alt und alleinerziehend, da sie von ihrem Ehemann verlassen wurde. Sie zieht mit ihrem zweijährigen Sohn nach Los Angeles und arbeitet tagsüber, so dass dieser reichlich Gelegenheit zum Fernsehen findet. Wenn sie Zeit für ihn hat, nimmt sie ihn mit ins Kino. Als Achtjähriger schaut er Mike Nichols' *Carnal Knowledge* (1971) und als Neunjähriger John Boormans *Deliverance* (1972), Filme, die aufgrund der Sex- beziehungsweise Gewaltszenen nicht gerade altersgerecht sind. Als Schüler bringt er schlechte Noten nach Hause. Sein Interesse richtet sich allein auf Film, Comics und *monster magazines*.[1] Seine frühen beruflichen Stationen in der Filmbranche reichen vom Platzanweiser in einem Pornokino über ein Engagement als Elvis-Double in der Sitcom *The Golden Girls* (1985-92) bis hin zur Arbeit in der

Videothek *Video Archives* in Manhattan Beach, Kalifornien. Gemeinsam mit Roger Avary, der Teile der Drehbücher von *Pulp Fiction* und *Reservoir Dogs* schreiben wird, schaut er den ganzen Tag Filme, diskutiert über sie und berät die Kunden. Hier gebärdet sich der Zweiundzwanzigjährige wie ein Filmkritiker, der den Leuten erzählt, warum dieser Film schlecht und jener gut ist. Die einzige Ausbildung, die er durchläuft, sind mehrere Jahre Schauspielunterricht. Er erkennt jedoch nach und nach, dass er eigentlich Regisseur, nicht Schauspieler sein will, und entscheidet sich dann zum Filmemachen: „I decided I didn't want just to be in movies, I wanted to make movies."[2] Zu seinen Lieblingsregisseuren gehören Brian De Palma, Jean-Luc Godard und Sergio Leone. Sein erster Versuch, eine eigene Spielfilm-Komödie (*My Best Friend's Birthday*) zu drehen, bleibt erfolglos, wird aber von Tarantino dennoch als wichtige Erfahrung mit dem Filmemachen eingestuft. Die Arbeit an diesem nicht vollendeten und auch qualitativ gescheiterten Spielfilm hat für Tarantino das geleistet, was für andere Regisseure die Filmschule leisten soll, nämlich lehren, wie man einen Film macht beziehungsweise wie man ihn *nicht* macht: „So I said, well, that's my film school. I learned how not to make a movie."[3] Da Tarantino mit *Reservoir Dogs* bekannt wird und mit *Pulp Fiction* seinen ersten großen Hit landet, sieht es so aus, als sei er über Nacht berühmt geworden. In Wahrheit liegen aber viele Jahre mehr oder weniger erfolgloser Arbeit im Filmgeschäft davor. Sein erstes langes Drehbuch, *True Romance*, schreibt er mit 23 Jahren. Es ist die Vorlage für eine gewalttätige Liebesgeschichte zwischen einem Comicladenangestellten und einem Callgirl. Nachdem es sich zunächst gar nicht verkaufen lässt, wird es später sogar mit Starbesetzung unter der Regie von Tony Scott verfilmt. Tarantino schreibt nach *True Romance* das Drehbuch *Natural Born Killers*, das von Oliver Stone verfilmt wird: Darin zieht ein Liebespaar mordend durch Amerika. Er wohnt mittlerweile in einem kleinen Apartment in Hollywood und erhält seinen ersten Auftrag für ein bezahltes Drehbuch: *From Dusk till Dawn*. Aber dieses Projekt wird erst ein Erfolg, nachdem Tarantino sich bereits einen Namen gemacht hat. Er selbst spielt eine der Hauptrollen in dem Film, Regie führt aber ein anderer: Robert Rodriguez. Von dem Geld, das Tarantino für das Drehbuch *True Romance* bekommt, dreht er seinen ersten Film *Reservoir Dogs*, der aus finanziellen Gründen mit wenigen Schauspielern und Drehorten auskommen muss. Das

Drehbuch schreibt er innerhalb von drei Wochen. Mit Glück und mithilfe des Filmproduzenten Lawrence Bender kann er Harvey Keitel als einen der Hauptdarsteller gewinnen. *Reservoir Dogs* wird, vor allem aufgrund der berüchtigten „ear-slicing"-Szene, viel kritisiert und gelobt, erhält innerhalb von kurzer Zeit Kultstatus und verschafft Tarantino den Durchbruch im Filmgeschäft. Der Erfolg beschert ihm einen finanziellen Vorschuss für das nächste Projekt: Tarantino zieht sich für einige Monate aus Hollywood zurück, um in Amsterdam das Drehbuch für *Pulp Fiction* zu schreiben. Der Film bringt Tarantino bei den Filmfestspielen in Cannes 1994 die Goldene Palme ein und macht ihn weltberühmt. Von *Jackie Brown*, der drei Jahre später erscheinenden Leonard-Adaption, sind einige Tarantino-Fans enttäuscht, weil er im Vergleich zu *Reservoir Dogs* und *Pulp Fiction* relativ konventionell und weniger Tarantinotypisch ist. Das große Zitatenfeuerwerk mit viel Action und Gewalt, das den unverkennbaren Tarantino-Stil prägt, lässt dann sechs Jahre auf sich warten: 2003 erscheint *Kill Bill: Vol. 1*. Während der langen Pause arbeitet Tarantino sowohl an *Kill Bill* (ursprünglich sind beide Teile als ein Film geplant) als auch an *Inglourious Basterds*. Er wohnt anderthalb Jahre in einem Apartment in New York, um das Drehbuch für *Kill Bill* zu schreiben und nebenher unzählige Kung-Fu-Filme zu sehen.[4]

Kill Bill: Vol. 1 wird ein Riesenerfolg, den der zweite Teil, der 2004 nachfolgt, nicht in gleicher Weise fortsetzen kann. Auch der 2007 erscheinende Film *Death Proof*, Tarantinos Beitrag zum *Grindhouse*-Doublefeature-Projekt mit Regisseur Robert Rodriguez, wird kein großer Erfolg. Erst mit dem zwei Jahre später erscheinenden *Inglourious Basterds*, den er schon Jahre zuvor plant, macht er wieder richtig Schlagzeilen und räumt Preise ab, unter anderem den Oscar für Christoph Waltz. Auch *Django Unchained* (2012) erhält viele Nominierungen und erneut einen Oscar für Waltz, außerdem bekommt Tarantino einen Oscar für das beste Originaldrehbuch. Für *The Hateful Eight* erhält nur der Komponist Ennio Morricone einen Oscar. Nominiert wurden außerdem Jennifer Jason Leigh als beste Nebendarstellerin und Robert Richardson für die beste Kamera. Die kritischen Stimmen richten sich vor allem gegen die Gewaltdarstellungen, die in allen Tarantino-Filmen vorkommen, weswegen sie in den USA ausnahmslos ein R-Rating erhalten. Sexszenen gibt es kaum, zumeist auch nur andeutungsweise beziehungsweise außerhalb des Bildausschnitts, dafür aber derbe sprachliche Ausdrücke wie „nigger", „dick", „shit" und „fuck", die das R-Rating mitverursachen. Um diese Kritik kümmert sich Tarantino nicht. Gewalt ist für ihn Unterhaltung, Wirkung ist offenbar wichtiger als Bedeutung, denn das Berauschen ist sein höchstes Ziel: „When I think about films I think about drugs and sex. It's about getting you high".[5]

Als Kultregisseur provoziert Tarantino in der Forschung nicht bloß eine objektive Auseinandersetzung mit seinen Filmen: Die Literatur zu Tarantino besteht zu einem großen Teil aus Liebhaber-Schriften, das heißt Büchern, die ihre Bewunderung für den Regisseur zum Ausdruck bringen. Es sind Gesamtdarstellungen, oftmals mit Anekdoten gespickt, die wegen Tarantinos überschaubarem Werk nicht nur seine Filme behandeln, sondern auch seine Drehbuchprojekte – und zwar oft im gleichen Umfang, so als handle es sich um Tarantinos eigene Filme. Hierzu zählen etwa Bernard (1995), Dawson (1995), Woods (1996), Page (2005) und der sehr informative Smith (2005), während Clarkson (2007) einen Schwerpunkt auf biografischen Aspekten und Anekdoten hat. Hiervon heben sich Gesamtdarstellungen ab, die deutlich theoretisch ausgerichtet sind und auf biografische Hintergrundinformationen nur zurückgreifen, um Tarantinos filmische Verfahren zu beleuchten, wie zum Beispiel Barlow (2010). Auch Barlows Buch ist allerdings – und dies ist bezeichnend für die Forschungsliteratur zu Tarantino – wenig systematisch, vielmehr additiv und assoziativ; es werden theoretische Reflexionen in alle Richtungen präsentiert, so wie sie von den Filmen gerade angestoßen werden. Dieses Denkverhalten zeichnet auch einen Band über Tarantino und die Philosophie von Greene und Mohammad (2007) aus. Es wird eine Nähe von Tarantinos Filmen zu philosophischen Positionen von Nietzsche bis Baudrillard suggeriert, die mehr über die Lektürevorlieben der Autoren als über Tarantinos Filmemachen verrät. Über Gesamtdarstellungen hinaus gibt es vereinzelte Sammelbände wie den von Dassanowsky (2012) über *Inglourious Basterds*, der audiovisuelle Analysen und theoretische Interpretationsansätze verschiedener Autoren liefert.

Ausschließlich auf Informationen zu den produktionellen Hintergründen und filmischen Vorlagen spezialisiert sind beispielsweise Holms Casebook zu den *Kill Bill*-Filmen (2004) oder das *Grindhouse*-Buch von Volk (2007). Auch die Nummer 48 der Zeitschrift *steadycam* (2005) widmet sich den filmischen Wurzeln des *Kill Bill*-Projektes. Einblicke in Tarantinos persönliche Motivation zum Filmemachen gibt der Interview-Band von Peary (1998), der durch zahlreiche im Internet zu findende Interviews ergänzt wird. Überhaupt stellt das Internet eine hervorragende Quelle dar, wenn es darum geht, die unzähligen Verweise in Tarantinos Filmen aufzuschlüsseln – hierzu gibt es viele gründlich recherchierte *fansites* oder Beiträge in Videoportalen.

Im deutschen Sprachraum gibt es neben kleineren Abhandlungen eine Arbeit über die Raum- und Zeitstruktur in Tarantinos frühen Filmen von Nagel (1997) und einen Sammelband von Geisenhanslüke und Steltz (2006), der die *Kill Bill*-Filme aus kulturwissenschaftlicher Perspektive beleuchtet. Erwähnenswert ist auch der praktische Analyseteil in der Monografie von Heiß (2011), in dem viele treffende Beobachtungen zu den *Kill Bill*-Filmen vorgenommen werden. Das in mehreren Auflagen erschienene Buch von Fischer, Körte und Seeßlen (2004) und das von Seeßlen (2011) über *Inglourious Basterds* enthalten ausführliche Nacherzählungen, gewähren Einblicke in die Hintergründe der Produktion und listen außerdem zahlreiche filmische Vorlagen auf.

Tarantinos Filmästhetik

Tarantino betont in Interviews wiederholt, dass ihm die Geschichten wichtig sind, die seine Filme erzählen.[1] Aber das, was seine Filme auszeichnet, ist weniger die jeweilige Geschichte selbst als vielmehr die besondere Weise, wie sie erzählt wird. Nur dadurch tragen sie seine Handschrift und sind als ‚tarantinoesk' identifizierbar. Tarantinos Filme sind häufig mit Postmodernismus in Zusammenhang gebracht worden, weil sie ein selbstreflexives Patchwork aus Zitaten darstellen und diverse Genres sowie hohe und niedrige Kunst vermischen; wobei der *low art*-Anteil, gespeist aus B-Movies und Pop-Songs, sicherlich der größere ist. Auch die verstörende oder erheiternde Verbindung aus Komik und Gewalt gehört zu den berüchtigten Tarantino-Trademarks. Seine Filme werden häufig inhaltlich und moralisch als fragwürdig, filmtechnisch aber als meisterhaft eingestuft.

Die Kennzeichen von Tarantinos Filmästhetik lassen sich wie folgt systematisieren:

1. Hybride Erzählweise
   - Genremischung und interfilmische Verweise
   - Episodenhaftigkeit
   - Dialogizität
2. Selbstreferenzialität
   - Zitate und Anspielungen
   - Selbstreferenzielle Fiktionalität
3. Komik und Gewalt
   - Erwartungsbrüche
   - Komische Dialoge
   - Komische Gewaltdarstellung

Genremischung und interfilmische Verweise

'Hybride Erzählweise' beschreibt die für Tarantino typische Zusammenstellung von Verschiedenartigem bis hin zu dem Extrem, dass Szenen aus anderen Filmen übernommen und in seinen Filmen auf abgewandelte Weise neu zusammengesetzt werden. Zur Hybridität seines filmischen Erzählens gehört aber nicht bloß die Verwendung und Verwandlung von Filmzitaten, sondern auch das Einspielen von Musik, häufig Popmusik, die ihre jeweiligen kulturellen oder abermals filmhistorischen Kontexte mit ins Spiel bringt. Dabei werden häufig auch Genres mitzitiert wie etwa der Italo-Western, wenn Tarantino Morricone-Musik einsetzt, oder der Martial-Arts-Film, wenn in *Kill Bill: Vol. 1* die Filmmusik des japanischen Rachefilms *Shurayukihime* (1973; international bekannt als *Lady Snowblood*) von Toshiya Fujita zu hören ist. Das Besondere an Tarantino ist nicht nur das gezielte Anspielen auf bestimmte Genres und Filme, deren Herkunft in seinem Film mitwirken soll, sondern auch die originelle Mischung, die häufig komische Effekte hervorruft, zuweilen auch nur trashig erscheint, immer aber seine Handschrift erkennen lässt. Die Verweise auf andere Filme kommen zuweilen jedoch auch durch die Wahl der Schauspieler zustande: Im Falle von *Jackie Brown* sind es Jack Hills Blaxploitationfilme *Coffy* (1973) und *Foxy Brown* (1974) mit der Schauspielerin Pam Grier. In *Kill Bill: Vol. 1* werden viele Handlungselemente und auch einige Dialoge aus *Lady Snowblood* übernommen, so dass hier ein extremer Fall von interfilmischer Bezugnahme vorliegt. Dennoch sind die Referenzen in Tarantinos Filmen so vielfältig, dass nicht *ein* Film als Vorlage angesehen werden kann, sondern ein Katalog von Filmen, denen Elemente entnommen sind wie bestimmte Kameraeinstellungen, Namen, Musikstücke oder Requisiten.

Die Genremischung zeigt sich dabei nicht nur inhaltlich in der Verknüpfung verschiedener generischer Motive oder Handlungsteile, sondern auch technisch in der verschiedenartigen stilistischen Umsetzung einzelner Filmabschnitte. Inhaltlich werden zum Beispiel in *Death Proof* oder *Django Unchained* jeweils zwei Genres zusammengebracht: hier der Western und Exploitationfilm, dort der Horror- und Actionfilm. In *The Hateful Eight* werden mit dem Western, dem Krimi und dem Splatterfilm gar drei Genres vermengt. Auch in einzelnen Szenen werden Genres vermischt, wie etwa in der Szene der Hochzeitsvorbereitungen am Anfang von *Kill Bill: Vol. 2* der Western und Liebesfilm, denn hier werden die Vorausdeutung auf das finale Duell der Figuren und deren erotische Annäherung in eins gesetzt. Die audiovisuelle Gestaltung orientiert sich hierbei zumeist an den generischen Implikationen der Szenen. Im zweiten *Kill Bill*-Film sind beispielsweise die Bilder und die Soundeffekte, mit denen die Ausbildung der Braut bei Pai Mei gezeigt wird, am Martial-Arts-Film orientiert, der hier also nicht bloß inhaltlich, sondern auch audiovisuell zitiert wird. Ebenso typisch für Tarantino ist aber das eigenwillige Aufbrechen dieser Stileinheit, die der Hybridität seines Erzählens einen weiteren Aspekt hinzufügt, denn die schwungvolle Musik von Isaac Hayes, die diese Szene untermalt, stammt beispielsweise aus dem US-amerikanischen Gangsterfilm *Three Tough Guys* (1974). Tarantinos hybride Erzählweise zeigt sich also ebenso inhaltlich wie audiovisuell, und sie tritt in einzelnen Szenen gleichermaßen hervor wie in der Gesamterzählung.

Episodenhaftigkeit

Die Episodenhaftigkeit zeichnet alle Filme Tarantinos aus und lässt sich besonders gut an *Pulp Fiction* veranschaulichen, weil hier die Handlung in Stücke geteilt und in umgestellter Chronologie dargestellt wird, wie etwa auch in *Reservoir Dogs* und den *Kill Bill*-Filmen. Zwar ist *Pulp Fiction* durch das wiederholte Aufgreifen und Eingliedern der begonnenen Erzählstränge zu einem großen Ganzen verschachtelt, gleichwohl bleiben die aufgesplitterten Episoden letztlich als solche erkennbar. Die Perspektivenverschiebung, die durch das Episodische zustande kommt, hat Tarantino dabei besonders interessiert: „A guy who's the star of the first story can be killed in two seconds in the third story."[2] Auch bei den anderen Filmen, die inhaltlich stärker verwoben sind, ist die Erzählweise episodisch: Tarantino arbeitet mit großen Teilen, die in sich einheitlich sind, sich von den anderen aber häufig audiovisuell, räumlich und durch die Zusammensetzung der Schauspieler unterscheiden. In *Inglourious Basterds* beispielsweise unterscheidet sich das erste Kapitel auf dem Land wesentlich von dem Kapitel, das in der

Taverne spielt, und beide sind wiederum unterschieden von demjenigen, das im Kino spielt. Die Ungleichheiten betreffen hier sowohl die räumliche Differenz als auch beispielsweise das Tempo, die Dialog- oder Actionlastigkeit sowie die Kameraeinstellungen. Unterstrichen wird die Episodenhaftigkeit des Erzählens in einigen von Tarantinos Filmen außerdem durch die Einteilung in Kapitel mit schriftlich eingeblendeten Titeln.

Dialogizität

Einen weiteren Beitrag zur Hybridität leisten die an etlichen Stellen selbstzweckhaften Dialoge. Tarantinos Figuren unterhalten sich oft über Filme, Musik oder das, was sie gerade tun. In fast allen seinen Filmen gibt es Restaurant-Szenen, unabhängig davon, ob das zum Genre oder zu der Geschichte passt: „There are restaurant scenes in all of my scenarios [...]. My characters talk a lot, and you open up in this kind of conversation. I like these kind of scenes. If I were to make *D'Artagnan's Daughter* or even a prehistoric film, there would definitely be a scene in a restaurant!"[3] Diese Unterhaltungen fügen sich nicht als teleologische Notwendigkeit in die Geschichte ein; sie sind vielmehr unterhaltsam und sorgen für Komik, wenn sie Genrekonventionen auf den Kopf stellen. So erwartet man etwa in *Pulp Fiction*, dass die beiden Gangster geradewegs in das Apartment stürmen und ihren Auftrag erledigen; daher wirkt es komisch, wenn sie stattdessen ausgiebig über die sexuelle Dimension von Fußmassagen debattieren.

Oftmals erschöpfen sich diese Gesprächsszenen in ihrer Unterhaltungsfunktion und sind für die Handlung ohne Belang; selbst für die Figurenzeichnung sind sie nicht unbedingt nötig. In den Restaurant-Gesprächsszenen in *Reservoir Dogs* oder *Death Proof* stellt der Drehbuchschreiber Tarantino vor allem seine Lust an der Komposition witziger und rhythmischer Dialoge aus. Allerdings spielt die Sprachgewandtheit oder auch Mehrsprachigkeit seiner Figuren in vielen seiner Filme eine gewichtige Rolle: Meist wird die Handlung bei Tarantino von guten Rednern kontrolliert und die Mächtigkeit der Figuren äußert sich in ihrer Eloquenz. Besonders deutlich wird dies in *Kill Bill: Vol. 2*, wo mit der Braut und Bill die rhetorisch stärksten Figuren aufeinandertreffen, die zudem auch als Erzählerfiguren in Erscheinung treten. In *Inglourious Basterds* und *Django Unchained* werden Einfluss und Eloquenz beziehungsweise Mehrsprachigkeit in den von Christoph Waltz dargestellten Figuren miteinander verknüpft, und die Revolverhelden in *Django Unchained* und *The Hateful Eight* sind im doppelten Sinne schlagfertig.

Zitate und Anspielungen

Die Zitate und Anspielungen sind als Teile des hybriden Erzählens bereits erörtert worden. Sie haben aber auch eine andere Funktion, die für Tarantinos Filmästhetik ebenso wesentlich ist: Sie markieren die Selbstreferenzialität seiner Filme. Dementsprechend sorgen sie dafür, dass der Film sein Wesen als Film in sich ausstellt und die Rezipienten gezwungen sind, den Film als Konstrukt zu reflektieren. Wenn Tarantino John Travolta für *Pulp Fiction* castet, dann zitiert er Travoltas Filmgeschichte und verschafft ihm in Reminiszenz an *Saturday Night Fever* sogar einen Tanzauftritt. Mit der Wahl von David Carradine als Bill in den *Kill Bill*-Teilen ruft er dessen *Kung Fu*-Fernsehserie ins Bewusstsein. Das Einspielen von Morricones Musik verleiht einigen Szenen darüber hinaus einen ansonsten nicht vorhandenen Western-Duell-Charakter und verweist somit auf etablierte Genresituationen. Dasselbe gilt für typische Sergio-Leone-Kameraeinstellungen, die auf das Western-Genre verweisen, ferner für den *Mexican standoff*. Auch aus seinen eigenen Filmen zitiert Tarantino gern, indem er Namen, Schauspieler und Einstellungen (den berühmten *trunk shot* aus dem Kofferraum) übernimmt.

Selbstreferenzielle Fiktionalität

Zwar verortet Tarantino *Inglourious Basterds* historisch im Zweiten Weltkrieg und gibt in den anderen Filmen zumeist genaue Ortsangaben von real existierenden Orten; die Art der Darstellung lässt jedoch keinen Zweifel daran, dass die Handlung fiktiv ist. Der fiktive Charakter der Geschichten wird durch verschiedene Mittel betont, zu denen auch die bereits erwähnten Schrifttafeln zählen, die den Akt des strukturierten Erzählens literarischer Werke betonen. Ferner werden althergebrachte Plots (wie Rache), Genres (wie Western und Martial Arts) und die entsprechenden Figurentypen klischeehaft eingearbeitet, um dann auf willkürliche Weise abgewandelt zu werden. Damit verdeutlicht Tarantino, dass es ihm nicht um lebensweltliche Bezüge, Charakterstudien, Sozialkritik oder Moral geht, sondern ästhetizistisch um die Filmkunst als solche. Damit legitimiert er auch die zügellose Gewaltdarstellung, die umso fiktiver wirkt, je übertriebener und cartoonhafter sie ausgestaltet wird. Auch die Anspielungen auf Gewaltszenen aus anderen Filmen lassen erkennen, dass kein Eindruck von Realismus erzeugt werden soll. In *Inglourious Basterds* wird das Töten der Nazis zum Sport mit einem Baseballschläger und Publikum. Tarantino schafft mit jedem Film ein fiktives Universum, das überwiegend auf Fiktives Bezug nimmt, während die realen Elemente lediglich als Spielbälle gebraucht werden. In *Django Unchained* eröffnet die historische Bezugnahme auf reale Gewalt allerdings auch eine moralische Dimension, die für Tarantino ungewöhnlich ist. Bereits im darauf folgenden Film, *The Hateful Eight*, bildet die Rassismusthematik aber nur noch die historische Kulisse für eine Splatter-Orgie ohne ernsthafte Sozialkritik.

Um die Fiktionalität und Konstruiertheit seiner Filme ins Bewusstsein zu rufen, bringt Tarantino zuweilen auch metafiktionale Elemente ins Spiel. Besonders auffällig sind hier der Piepton, der immer eingespielt wird, wenn in *Kill Bill: Vol. 1* der Name der Braut ausgesprochen wird. Im Drehbuch steht: „Whenever during the picture somebody says The Bride's real name, it will be BLEEPED OUT ON THE SOUNDTRACK, …that is, till I want you to know."[4] Der Piepton kommt nicht aus der Szene und untermalt sie auch nicht, sondern verweist selbstreflexiv auf eine Instanz außerhalb der Fiktion, die für das Toneinspielen verantwortlich ist. Eine metafiktionale Dimension auf der visuellen Ebene weist etwa das Viereck in *Pulp Fiction* auf, das Mia mit den Fingern in die Luft zeichnet, um Vincent mitzuteilen, er solle kein „square" (Langweiler) sein – Tarantino macht das Viereck in weißen gepunkteten Linien sichtbar. Die Konstruiertheit der Filme wird zugleich auch technisch ausgestellt, wie durch die absichtlichen Material- und Schnittfehler in *Death Proof* oder die auffällige Anwendung von Stiltechniken aus bestimmten Genres. Hierdurch wird deutlich, dass viele Aspekte der Inszenierung um ihrer selbst willen Einzug in die Filme finden und nicht etwa, um die Geschichte voranzutreiben.

Erwartungsbrüche

Ein weiteres besonderes Kennzeichen von Tarantinos Filmen ist das Zusammenspiel von Komik und Gewalt. Allerdings speist sich die Komik nicht immer aus einer scherzhaften Art von Gewaltdarstellung; vielmehr resultiert sie häufig aus Erwartungen, die zunächst durch Genremuster aufgebaut, dann aber nicht erfüllt werden. Tarantino erkennt seine Originalität darin, sich eines reichen Vorrats an Filmen zu bedienen, um die besten Ideen auszuwählen und so zusammenzufügen, wie sie bisher nie zu sehen waren: „I don't consider myself just as a director, but as a movie man who has the whole treasure of the movies to choose from and can take whatever gems I like, twist them around, give them new form, bring things together that have never been matched up before."[5] Diese Vorgehensweise ist eine Quelle der Komik, denn aus der ungestümen Mischung verschiedenster Genres und Handlungsmuster aus anderen Filmen entstehen oft überraschende Wendungen, die belustigend wirken: „I like mixing things up: for example that gold watch story begins in the spirit of *Body and Soul* and then unexpectedly ends up in the climate of *Deliverance*."[6] Mit der „gold watch story" ist die Boxer-Episode in *Pulp Fiction* gemeint. Die unerwartete Wendung besteht darin, das Handlungsschema des korrupten Boxers mit einem Überfall der Protagonisten durch zwei perverse Verbrechertypen (in Anlehnung an John Boormans *Deliverance* von 1972) zu mischen. Ähnliches gilt für die Episode, in der Vincent Vega die Frau seines Bosses ausführt. Sie beginnt mit einem bekannten Handlungsmuster, von dem eine verbotene Annäherung zwischen Vincent und Mia sowie eine derbe Bestrafung Vincents zu erwarten wäre (analog zu der Geschichte von der Fußmassage, die Vincent Jules vor dem Überfall des Apartments erzählt), wandelt sich dann aber in eine unvorhersehbare Drogen-Katastrophe. Nicht selten wird der Erwartungsbruch auch umgekehrt eingefädelt: Die Situation ist banal und aus heiterem Himmel wird jemand getötet, wie Melanie in *Jackie Brown*. Sie provoziert Louis, weil er nach der Geldübergabe das Auto auf dem Parkplatz nicht sofort findet, und wird unerwartet erschossen, da sie ihm auf die Nerven geht. Durch diese Plötzlichkeit, Übertreibung und Beiläufigkeit wirkt die Szene komisch. Vergleichbar wirkt die Erschießung Vincents durch Butch in *Pulp Fiction*: Er wird durch Zufall unbewaffnet auf der Toilette überrascht und Butch beginnt zu schießen, als die ebenfalls zufällig in diesem Moment aus dem Toaster herausspringenden *toaster pastries* ihn erschrecken.

Komische Dialoge

Als Beispiel für komische Dialoge ist der zwischen Vincent und Jules über Fußmassagen bereits genannt worden, weil er mit bestimmten Genreerwartungen bricht und so zur Hybridität des Erzählens beiträgt. Derartige Dialoge sind jedoch charakteristisch für Tarantinos Filme. In ihrer Länge, Banalität und Selbstzweckhaftigkeit wirken sie oft sperrig und komisch. Zuweilen sind sie aber auch doppelbödig und gehen mit Gewalt einher. In *Inglourious Basterds* beispielsweise sind die witzigen Gespräche, die Oberst Landa führt, vom tödlichen Ernst seiner bösen Absichten als „jew hunter" überlagert. Häufiger ist es jedoch der Fall, dass über Banales gesprochen wird und plötzlich jemand tot ist, wie in der bereits erwähnten Episode mit Melanie und Louis. Auch die Erschießung von Marvin in *Pulp Fiction* erfolgt mitten aus einem komischen Dialog heraus: Aus Versehen erschießt Vincent seine Geisel im Auto, obwohl er eigentlich nur dessen Meinung zu Jules' plötzlichem religiösen Sinneswandel hören wollte. Häufig sind die komischen Dialoge auch sarkastisch. Die Szene aus *The Hateful Eight*, in der beim Essen über den vermeintlichen Brief von Abraham Lincoln gespottet wird, weil Mannix die Absurdität der Vorstellung herausstellt, dass der Präsident einem „nigger" einen persönlichen Brief schreibt, ist einerseits komisch. Die Komik der Spöttelei wird auch durch die überraschende und leichtfertige Bestätigung Warrens verstärkt, dass der Brief, über den Ruth zuvor so gerührt war, nicht echt ist. Andererseits ist diese Komik alles andere als harmlos, weil sie auf den Triumph des Rassismus nach dem Ende des Amerikanischen Bürgerkrieges hindeutet.

Komische Gewaltdarstellung

Tarantinos Spezialität ist es, die Gewaltdarstellung selber zum Gegenstand der Komik zu machen, indem er die schlimmen Folgen ausblendet oder derart übertreibt, dass deren Cartoon-Charakter herausgestellt wird. Im Falle von Marvin und Melanie werden die Folgen visuell ausgeblendet und betreffen Charaktere, die keine wichtige Rolle für die Geschichte spielen und keineswegs Identifikationsfiguren verkörpern. In anderen Fällen wird die Gewaltsituation durch Übertreibung ins Komische gewendet, etwa, wenn Vincent Mia in *Pulp Fiction* die Adrenalinspritze ins Herz rammt oder wenn die Braut in *Kill Bill: Vol. 1* Blutspritzfontänen durch abgeschlagene Arme verursacht. Tarantino betont immer wieder den Unterschied zwischen realer und fiktiver Gewalt, wenn er moralisch kritisiert wird. Er liebt Gewaltszenen in Filmen, besonders wenn sie wie im Comicstrip präsentiert werden, und versteht sie nur als eine künstlerische Möglichkeit des Filmemachens: „It's an aesthetic thing. People will attach a moral thing to it, but that's bullshit. It's just one of the things that movies can do."[7] Für Tarantino haben Gewaltdarstellungen also einerseits einen hohen Unterhaltungswert und einen rein ästhetischen, jedoch keinen moralischen Status. Andererseits lässt sich beispielsweise an *Inglourious Basterds* zeigen, wie die Vernichtung der Nazis im Kino offenbar auch moralisch ergötzen soll, und in *Django Unchained* wird die Darstellung historischer Gewalt von der Darstellung übertriebener

Filmgewalt unterschieden. Dies erweitert Tarantinos Filmästhetik um ein weiteres hybrides Element, denn die Moralisierung verhält sich zu ihr disparat. Insbesondere an *Django Unchained* lässt sich allerdings nachzeichnen, wie schwer es ist, diese verschiedenartige Darstellung und Bewertung von Gewalt inhaltlich zu begründen. In *The Hateful Eight* ist die komische Gewaltdarstellung wieder eindeutiger auf der Seite des harmlosen Slapstick und des übertriebenen Splatter zu verorten, auch wenn der bleibende Rassismus nach dem Ende des Amerikanischen Bürgerkriegs die historische Kulisse des Films bildet. Da fliegt das Handschellen-Paar Ruth/Domergue nach einem kräftigen Schlag von Warren gemeinsam aus der Kutsche, und später übergeben sich Ruth und O.B., nachdem sie den vergifteten Kaffee getrunken haben, ausgiebig in einem Duett, das durch groteske Körperbewegungen und bombastisches Blutspucken hervorsticht.

Drehbücher und sonstige Projekte

Der junge Tarantino hat zwar ein umfangreiches Liebhaberwissen über Filme, verfügt aber zunächst noch über keine Erfahrung darin, wie man die Realisierung eines Filmprojektes am besten in Angriff nimmt. Er möchte unbedingt selber einen Film drehen, doch sein erstes Projekt *My Best Friend's Birthday* wird zum Desaster. Rückblickend betrachtet Tarantino diese Erfahrung als seine persönliche Filmschule. Das Drehbuch zu Tarantinos Regiedebüt schreibt sein Freund Craig Hamann, mit dem er gemeinsam Schauspielunterricht nimmt. Im Verlauf der drei Jahre, über die sich die Arbeit an dem Film hinzieht, fügt Tarantino eigene Szenen hinzu, so dass das ursprüngliche Skript von vierzig Seiten auf den doppelten Umfang anwächst. Die Handlung nimmt darin ihren Ausgang, dass Clarence, der von Tarantino gespielt wird, seinen besten Freund Mickey, den Craig Hamann mimt, an dessen Geburtstag mit einer Prostituierten überraschen möchte. Die treibende Idee hinter der Geschichte ist – dieses Prinzip wird Tarantino bei *Reservoir Dogs* wieder aufgreifen –, dass alles, was an einem Abend schieflaufen kann, schiefläuft. Mickey hat seinen Job verloren und wird zu Hause von seiner Ex-Freundin überrascht. Anstatt sich zu versöhnen, möchte sie bloß ihre Rod-Stewart-Kassetten wiederhaben. Später überrumpelt ihn die Prostituierte in der Dusche. Als plötzlich deren Zuhälter auftaucht, kommt es zu einem amüsanten Kung-Fu-Kampf, bei dem Mickey mit einem Wischmob geschlagen wird. Kurz darauf wird Mickey ein weiteres Mal von einer Frau überrascht, diesmal allerdings von Clarences Date. Clarence verbringt seine Zeit mittlerweile jedoch lieber mit der Prostituierten. Am Ende kämpfen die Freunde miteinander und Mickey fällt zu allem Überfluss in seine Geburtstagstorte.

Die Geschichte ist wild, sprunghaft und wenig kohärent. Auch technisch ist der auf 16-Millimeter-Material und in Schwarz-Weiß gedrehte Film, von dessen ursprünglichen siebzig Minuten Spielzeit nur etwa die Hälfte erhalten ist, wenig professionell. Trotzdem enthält er bereits zahlreiche Elemente, die in Tarantinos späteren Drehbüchern und Filmen wiederkehren: Die Idee mit der Prostituierten als Geburtstagsgeschenk wird in das Drehbuch zu

True Romance eingehen, K-Billys Radiosendung in *Reservoir Dogs*. Die ausufernden Dialoge, die um popkulturelle Themen kreisen, werden zum Markenzeichen Tarantinos, ebenso wie die Verbindung von Gewalt und Komik, die sich hier vorgezeichnet findet. In *My Best Friend's Birthday* wird außerdem wie in Tarantinos späteren Filmen nicht-zeitgenössische Musik eingesetzt (von Johnny Cash und Elvis Presley) und inhaltlich kommentiert.

Die komplizierte Produktionsgeschichte ist Tarantino eine Lehre. Fortan konzentriert er sich aufs Drehbuchschreiben, um mit einem möglichst überzeugenden Skript genug finanzielle Unterstützung aufzubringen, damit er seinen ersten richtigen Spielfilm drehen kann. Die Akquise gestaltet sich für Tarantino jedoch schwieriger als vermutet, denn weder sein Skript zu *True Romance* noch sein zweites Drehbuch *Natural Born Killers* lassen sich vermarkten. Aus Frust setzt er für sein drittes Drehbuch, *Reservoir Dogs*, ein möglichst kleines Budget voraus. Hiermit hat er schließlich Erfolg. Als er seinen ersten professionellen Film dreht, ist Tarantino also bereits ein geübter Drehbuchschreiber, wobei das Markenzeichen seiner Skripte und Filme in ihrem Wortwitz und dem Umfang der Dialoge besteht. Daher wird Tarantino in der Folge zweimal angeheuert, um bereits existierende Drehbücher zu überarbeiten und ihnen einen sogenannten *dialogue polish* zu verpassen: für Jan Eliasbergs *Past Midnight* (1991) und für Tony Scotts *Crimson Tide* (1995). Auch das Drehbuch zu *From Dusk till Dawn* (1996) ist eine Auftragsarbeit. Nachdem Tarantino sich als Regisseur etabliert hat, schreibt er jedoch nur noch Drehbücher für seine eigenen Filme. Hin und wieder übernimmt er eine Gastregie: 1995 führt er bei einer Folge der erfolgreichen Krankenhaus-Serie *ER* Regie und steuert *The Man from Hollywood* zum Episodenfilm *Four Rooms* bei. Zehn Jahre später inszeniert er ein kurzes Segment aus Robert Rodriguez' *Sin City* und eine Doppelfolge der Profiler-Serie *CSI: Crime Scene Investigation*. Bei vielen Filmen tritt er außerdem als ausführender Produzent in Erscheinung und bewirbt sie mit seinem Namen, zum Beispiel bei *Killing Zoe* (1993), *From Dusk till Dawn* (auch bei den nur auf Video erschienenen Nachfolgefilmen), *Curdled* (1996), *Hostel* (2005), *Daltry Calhoun* (2005), *Hostel* 2 (2007) und *Hell Ride* (2008). Auch seine Ambitionen als Schauspieler gibt er nicht auf. Vorzugsweise spielt er in seinen eigenen Filmen mit, er hat aber auch regelmäßig kurze Auftritte in Filmen oder Serien. Sein denkwürdigster und schauspielerisch gelungenster Auftritt wird vermutlich der des Vergewaltigers Richard Gecko in *From Dusk till Dawn* bleiben.

True Romance (1993)

Tarantinos erstes Drehbuch ist 1987 fertig. Es zeichnet sich durch brutale Gewaltszenen und eine derbe Sprache aus. Kein Produzent möchte sich hieran die Finger verbrennen, so dass Tarantino eine Absage nach der anderen erhält. Erst der unbekannte britische Filmproduzent Stanley Margolis begeistert sich für das außergewöhnliche Skript, tut sich aber schwer, finanzielle Mittel für die filmische Umsetzung zu mobilisieren. Als möglicher Regisseur wird Bill Lustig ins Auge gefasst, der bis dahin einige billige Actionfilme gedreht hat. Nach einiger Zeit ergibt sich für Tarantino jedoch die Möglichkeit, über einen Freund Kontakt zu Tony Scott aufzunehmen, den Regisseur von kommerziell erfolgreichen Filmen wie *Top Gun* (1986), *Beverly Hills Cop* (1987), *Days of Thunder* (1990) und *The Last Boy Scout* (1991) – Actionfilmen mit Tom Cruise, Eddie Murphy und Bruce Willis. Da Scott sich tatsächlich bereit erklärt, *True Romance* zu drehen, setzt Margolis Bill Lustig kurzerhand vor die Tür. Als sich *Reservoir Dogs* kurze Zeit später als Überraschungserfolg erweist, bietet Scott Tarantino die Regie an, doch dieser lehnt ab, weil er schon Ideen für neue Filme hat und weder *True Romance* noch *Natural Born Killers* verwirklichen möchte: „I didn't want to do either one of them because they were both written to be my first film and by then I'd made my first film. I didn't want to go backwards and do old stuff."[1]

Nach eigener Auskunft hat sich Scott für das Drehbuch begeistert, weil es figurenzentriert ist.[2] Die Chance, einen Charakterfilm zu drehen, der trotzdem viel Action enthält, möchte sich Scott nicht entgehen lassen. Für den Film werden einige typische Merkmale des Drehbuchs verändert oder getilgt. Zum Beispiel wird die achronologisch erzählte Geschichte linear angeordnet. Tarantino hatte beabsichtigt, zunächst verschiedene Charaktere vorzustellen und in der Handlung vor- und zurückzuspringen, um die Zusammenhänge zwischen den Episoden erst mit Verspätung offenzulegen. Außerdem lässt er die Hauptfigur sterben und die Romanze zwischen Clarence und Alabama somit traurig enden. Bei Scott überlebt Clarence hingegen und das Liebespaar setzt sich mit dem Geld aus einem Drogendeal unbemerkt ab. Scotts Änderungen zielen vor allem darauf ab, den Film auf ein breiteres Publikum auszurichten (es werden auch Zwischentitel herausgenommen und Dialoge gekürzt). Statt des ursprünglich geplanten Budgets von 60 000 Dollar kostet der Film nun knapp fünfzehn Millionen und wird mit zahlreichen Stars gedreht: Neben Christian Slater und Patricia Arquette spielen beispielsweise Dennis Hopper, Christopher Walken, Gary Oldman, Samuel L. Jackson, Brad Pitt und Val Kilmer in Nebenrollen mit. Tarantino findet, dass der Film, so wie Tony Scott ihn gedreht hat, funktioniert, auch wenn er ihn anders gedreht hätte. Jedenfalls sieht er keinen Grund, sich von dem Film, wie später im Fall von *Natural Born Killers*, zu distanzieren.

Die Hauptfigur Clarence trägt stark biografische Züge. Tarantino erklärt: „*True Romance* is probably my most personal script because the character of Clarence was me at the time when I wrote it. He works at a comic-book shop – I was working in a video store."[3] Clarence teilt auch Tarantinos immenses Wissen über Filme. Die Liebe zum Kino, zu Comics und zu Elvis Presley ist es, die Clarence und Alabama zusammenführt, auch wenn Alabama ein Callgirl ist und für das Treffen mit Clarence bezahlt wird. Sie treffen sich im Kino, wo die beiden B-Film-Liebhaber drei Karate-Filme mit Sonny Chiba anschauen. Clarence sagt zunächst, dass es ihn nicht wundere, dass Alabama für das Treffen mit ihm bezahlt werde, weil die Zeit mit ihr zu schön sei, um wahr zu sein. Doch ihr Interesse an ihm ist ja wahr, und hier liegt der ironische Unterton des Films: Es ist eine klischeehafte Liebesgeschichte, oberflächlich wie die Karate- und Actionfilme, die den Kitt der Liebe von Clarence und Alabama bilden. „True" sind in diesem Zusammenhang die Gefühle der Figuren, ‚wahr' im Sinne von ‚realistisch' ist die Handlung jedoch nicht. Wahre Liebe – so die ironische Botschaft des in Beziehungsfragen völlig unerfahrenen Drehbuchschreibers – scheint es nur im Kino zu geben. Im gleichen romantisierend-verklärenden Sinn erweist sich Clarence als *true hero*, wenn er in die Drogenhölle von Alabamas ehemaligem Zuhälter Drexl hinabsteigt, um ihn zu erschießen. Damit wird eine turbulente Handlung in Gang gesetzt: Er nimmt unwissentlich einen Koffer voller Drogen mit und vergisst seinen Führerschein, der ihn identifiziert, so dass sich eine sizilianische Bande an seine Fersen heftet, um Drexl zu rächen. Diese ermordet zunächst den Vater von Clarence und folgt dem Pärchen nach, das nach Hollywood gereist ist, um das Kokain an den Filmproduzenten Lee Donowitz zu verkaufen. Das Treffen wird von dessen Berater arrangiert, der von der Polizei festgenommen und zur Spitzelei gezwungen wird. Neben der Polizei trifft plötzlich auch die sizilianische Bande ein und es kommt zum Showdown. Aus dem *Mexican standoff* geht Alabama unversehrt hervor, Clarence überlebt mit einem zerschossenen Auge. Beide fliehen unerkannt mit dem Geld und gründen eine Familie: Das Abschlussbild zeigt sie mit ihrem Sohn Elvis am Strand.

Tony Scotts audiovisueller Stil unterscheidet sich von Tarantinos insbesondere in der Schnittgeschwindigkeit: Während Tarantino lange Einstellungen bevorzugt, dauern Scotts Einstellungen meist nur einige Sekunden. Die zahlreichen im Drehbuch vorgesehenen Szenen, in denen eine unerwartete Gewalteruption dialogisch vorbereitet wird, kommen dadurch vermutlich nicht so stark zur Geltung, wie Tarantino beabsichtigt hat. Auch die Musik wird anders eingesetzt als bei Tarantino: Sie ist zeitgemäß, unauffällig, paraphrasiert die Bilder und hat meist keine konterkarierende, sondern eine verstärkende Funktion. Es gibt also keine stilistische Brechung der inhaltlichen Gewalt. Der Film ist nicht aufgrund seiner Darstellung komisch, sondern aufgrund des Dargestellten, das heißt der witzigen Dialoge und bizarren Charaktere. Dies sind auch die wesentlichen Tarantino-typischen Elemente des Films, dessen Inszenierung allerdings eindeutig die Handschrift von Tony Scott trägt.

Natural Born Killers (1994)

Nach dem Erfolg von *Reservoir Dogs* versucht Rand Vossler, der über die Rechte an *Natural Born Killers* verfügt, Tarantino zur Regie zu überreden, doch dieser hat kein Interesse mehr an der persönlichen Realisierung seines alten Drehbuchs. Für dessen Umsetzung wird schließlich Oliver Stone gewonnen, Regisseur von bekannten und erfolgreichen Filmen wie *Platoon* (1986), *Wall Street* (1987), *Born on the Fourth of July* (1989) oder *JFK* (1991).

Gemeinsam mit zwei weiteren Drehbuchautoren schreibt Stone das Drehbuch zweimal um, wodurch es sich schließlich so weit vom Original entfernt, dass Tarantino sich von Stones Film distanzieren möchte. Er bittet somit darum, seinen „written by"-Eintrag in den *credits* in einen „story by"-Eintrag zu ändern, weil er der Meinung ist, dass die Grundgeschichte und die Figuren nach wie vor sein Gedankengut sind. Die ursprüngliche Handlung wird von Stone jedoch erheblich modifiziert und audiovisuell in einer Weise umgesetzt, die sich beinah diametral zu Tarantinos Stil verhält. *Natural Born Killers* handelt von einem raubenden und mordenden Pärchen – Mickey und Mallory Knox – auf der Flucht vor der Polizei. Das Fernsehen dreht eine Reportage über die beiden, die durch die ihnen gezollte mediale Aufmerksamkeit zu Ikonen einer Jugendbewegung werden. Nach ihrer Festnahme kommt es im Gefängnis zu einem Häftlingsaufstand, den Mickey und Mallory zum Ausbruch nutzen.

Tarantino äußert sich mehrfach abfällig über Stone und den Film. Er moniert insbesondere Stones Drang zur Vereindeutigung und Moralisierung des Erzählten, denn Stone übt Kritik an der kapitalistischen Mediengesellschaft, während Tarantino solche moralischen Stellungnahmen und eindeutigen außerfilmischen Bezüge fremd sind. Der Film im Film, die Reportage über Mickey und Mallory, nimmt im ursprünglichen Drehbuch circa ein Drittel des Umfangs ein, ist mit zahlreichen Hinweisen zur audiovisuellen Umsetzung versehen und soll vor allem ein Spielfeld für die Anwendung verschiedener Bildmaterialien bereitstellen – vom amateurhaften 8-Millimeter-Film über Fotos bis hin zu Zeitungsartikeln. Außerdem spielt Tarantino in seinem Drehbuchentwurf mit Erzählebenen, da die Reportage auch die Verfilmung der Geschichte von Mickey und Mallory thematisiert und neben dem Trailer hierzu die Schlussszene des Films samt Regiekommentar zeigt. Die dreifache Verschachtelung der Erzählebenen wird von Stone jedoch getilgt und der Umfang der Reportage im Film stark reduziert. Stattdessen weitet er die collagenartige Erzählform, die Tarantino insbesondere für den Film im Film vorgesehen hatte, auf den Gesamtfilm aus und benutzt sie für eine weit ausgreifende Medien- und Gesellschaftskritik. Stones Film kommt wie ein zweistündiger Videoclip daher, mit zahlreichen Schnitten, assoziativer Montage, verspielten Rückprojektionen, Farbwechseln, manieriertem Kameraverhalten und bizarren Figuren – überdreht und durchtrieben erscheinen hier nicht bloß die beiden Killer, sondern auch der Ermittler, der Gefängnisdirektor, der Reporter und die Gesellschaft im Ganzen.

Natural Born Killers lässt sich als Thesenfilm verstehen, der die Behauptung aufstellt, dass die Medien, insbesondere das Fernsehen, schlimmer sind als die von ihnen gezeigten Gewalttäter, weil sie in einem ersten Schritt die Menschen verrohen und in einem zweiten die menschliche Verrohung stilisieren und damit verstärken. Stones wichtigstes Werkzeug ist der Manierismus der Darstellung, der Verfahren aus dem Fernsehen imitiert und in ihrer willkürlichen Anwendung als reißerisch und inhaltsleer entlarvt. Zum Beispiel schaukelt die Kamera in der Eröffnungssequenz, in der Mickey und Mallory in einem Diner sitzen, unmotiviert hin und her und verharrt in schiefen Positionen; außerdem alternieren Farb- und Schwarz-Weiß-Einstellungen. Bezeichnenderweise setzt die erste Einstellung einen Fernseher mit wechselnden Programmen ins Bild. Das Unstete und Sprunghafte – die „TV channel-surfing mentality"[4] – kennzeichnen die Fernsehinhalte ebenso wie die Psyche der Figuren und die filmische Inszenierung. Mit den Mitteln des Kinos imitiert Stone somit die Verfahrensweisen des Fernsehens, um Figuren zu erschaffen, die durch ebendiese Darstellungsweisen medial sozialisiert worden und dadurch zu schlechten Menschen geworden sind: Dies wird besonders durch die audiovisuelle Umsetzung von Mallorys *backstory* deutlich, da ihre Herkunft aus widrigen Familienverhältnissen in Form einer Sitcom mit eingespielten Lachkonserven vermittelt wird. Stone stellt das Leben als vollständig von Fernsehinhalten durchwirkt dar und führt die fehlende Moral aller Figuren wesentlich auf ihren Fernsehkonsum zurück. Es verwundert nicht, dass die von Stone eingenommene sozial- und medienkritische Haltung Tarantino, der Filme und Filmgewalt liebt, ebenso befremdet wie die Videoclip-Ästhetik des Films, bevorzugt Tarantino doch in *Reservoir Dogs* lange Einstellungen mit größtenteils unauffälliger Kamera, in denen sich seine ausgefeilten Dialoge entfalten können. Durch das komödiantische Spiel von Robert Downey Jr. kommt der Wortwitz von Tarantinos ursprünglichem Buch zwar zuweilen dennoch zur Geltung, durch die atemraubende audiovisuelle Gestaltung wird jedoch insgesamt Aufmerksamkeit von der ursprünglichen Eigenart der sprachlichen Gestaltung abgezogen, so dass der fertige Film inhaltlich und stilistisch kaum an Tarantino erinnert.

ER, Four Rooms (1995)

Nachdem Tarantino mit *Pulp Fiction* zum Kultregisseur avanciert ist, erhält er die Möglichkeit, bei einer Folge der überaus beliebten und erfolgreichen Krankenhausserie *ER* (*Emergency Room – Die Notaufnahme*) Regie zu führen. Die 44-minütige Episode – Nummer 24, die vorletzte der ersten Staffel – wird am 11. Mai im US-amerikanischen Fernsehen ausgestrahlt. Wie auch die Episode von *CSI: Crime Scene Investigation*, die Tarantino zehn Jahre später realisieren wird, zeichnet sich *Motherhood*, so der Titel von Tarantinos *ER*-Folge, durch eine Ästhetik aus, die in erster Linie den stilistischen Vorgaben der Serie gehorcht und bloß punktuell vom Gastregisseur geprägt zu sein scheint. *ER* handelt von dem hektischen Betrieb in der Notaufnahme eines Chicagoer Krankenhauses. Zu den prägenden Merkmalen der Serie zählt, dass ruhig inszenierte Passagen, meist Dialoge zwischen den Angestellten oder zwischen Angestellten und Patienten, ständig unvermittelt von hektischen Szenen abgelöst werden, wenn neue Notfälle eintreffen. Die gebotene Eile wird sodann audiovisuell umgesetzt: auf der Bildebene meist mit dynamischen Kamerafahrten, die gemeinsam mit den automatisierten Handgriffen der Ärzte und Helfer einen drängenden Rhythmus erzeugen; auf der Tonebene mit dramatischer Musik und der stakkatoartig vorgetragenen medizinischen Fachsprache des Krankenhauspersonals. *Motherhood* bildet hierzu keine Ausnahme. Die zahlreichen langen Einstellungen und Kreisfahrten während der Notfallversorgung sind typische Elemente von Tarantinos visuellem Stil, kennzeichnen aber die Ästhetik der Serie im Ganzen und sind daher nicht auf Tarantinos spezifische Gestaltung zurückzuführen, zumal die konventionelle auditive Untermalung dieser Szenen mit dramatischer Musik eher Tarantino-untypisch erscheint. Dafür gibt es einige inhaltliche Elemente, die an Tarantinos frühere Filme erinnern, wenngleich das Drehbuch zur Folge nicht von ihm selber stammt und daher unklar ist, welche dieser Einfälle von ihm eingebracht wurden. Beispielsweise werden Schwester Hathaway und Dr. Lewis in betont lässiger Art auf dem Krankenhausdach gezeigt, wo sie sich auf Liegestühlen sonnen. Im Anschluss durchschreiten sie mit Sonnenbrillen und ausdruckslosen Mienen den Krankenhausflur, wodurch auf die Titelsequenz von *Reservoir Dogs* referiert wird. In einer späteren Szene stürmt eine hysterische Frau in die Notaufnahme, der das Ohr abgeschnitten wurde – auch dieses Motiv stammt aus *Reservoir Dogs*; weiterhin wird eine Frau mit einer Drogen-Überdosis eingeliefert, der blutiger Schaum aus dem Mund läuft, was die entsprechende Szene mit der von Uma Thurman gespielten Mia Wallace in *Pulp Fiction* in Erinnerung ruft. Darüber hinaus gibt es noch einige witzig gemeinte Einfälle wie eine Pfadfindergruppe mit Blähungen oder die beiläufige Bemerkung von Dr. Ross (gespielt von George Clooney, der eine Hauptrolle in *From Dusk till Dawn* übernimmt), es stehe ein Pferd auf seinem Parkplatz. Auch lässt es sich Tarantino nicht nehmen, die blutigen Details einer Operation in Großaufnahmen ins Bild zu setzen. Insgesamt kreieren die kuriosen Einfälle und vereinzelten typischen Einstellungen aber nicht den Eindruck einer für Tarantino charakteristischen Inszenierung.

Im selben Jahr bringt Tarantino mit drei befreundeten Regisseuren – Allison Anders, Alexandre Rockwell und Robert Rodriguez – den Episodenfilm *Four Rooms* heraus. Die Idee einer Anthologie mit vier Kurzfilmen, die an einem Neujahrsabend in vier verschiedenen Hotelzimmern desselben Hotels spielen, geht auf Rockwell zurück, der sich hierfür von vergleichbaren Projekten der französischen Nouvelle Vague und des italienischen Neorealismus inspirieren lässt: meist lockeren Gemeinschaftsprojekten ohne besonderen ästhetischen Anspruch. Der mangelnde ästhetische Ehrgeiz ist *Four Rooms* deutlich eingeschrieben. Doch gerade die laxe Herangehensweise an das Projekt reizt Tarantino: „The funniest thing about doing it is to do a movie that, one, doesn't take that long to do, and, two, the weight of the world isn't riding on it. If they like your story, great, and if they don't, too fuckin' bad."[5] Bei der Kritik fällt der Film bis auf Rodriguez' Segment, einer gelungenen Kurzkomödie, komplett durch, wobei Tarantinos Beitrag *The Man from Hollywood* noch als bester der drei schwächeren gilt. Darin geht es um den Filmstar Chester Rush, der von Tarantino selber gespielt wird, und eine dubiose Wette: Chesters Freund Norman verwettet seinen kleinen Finger darauf, dass sein Feuerzeug zehnmal hintereinander zündet; Chester wettet mit seinem roten 1964er Chevy Chevelle dagegen. Das Motiv ist der Folge *The Man from The South* aus der *Alfred Hitchcock Presents*-Reihe entlehnt, die in den 50er und 60er Jahren im US-Fernsehen ausgestrahlt wurde (die Folge lief am 3. Januar 1960); die gleichnamige literarische Vorlage hierzu stammt von Roald Dahl. In Tarantinos Episode wird diese Folge unter dem verfremdeten Titel *The Man from Rio* explizit erwähnt. Tarantino huldigt Hitchcock außerdem mit selbst für seine Verhältnisse ungewöhnlich langen Plansequenzen und den auf das Penthouse des Hotels beschränkten Darstellungsraum, denn diese Stilmittel erinnern an Hitchcocks *Rope* (*Cocktail für eine Leiche*) von 1948. Die Wette kommt erst ganz am Ende der Episode ins Spiel – vorher ergeht sich Tarantinos Figur in selbstverliebten Anekdoten über das Filmgeschäft und die Qualität des Champagners, was von einer weiteren Figur, Angela, im ironisierten filmischen Selbstbezug als langweiliges Gerede abgetan wird – er solle endlich zur Sache kommen, und dies mag sich schließlich auch der Zuschauer denken. Die praktische Umsetzung der Wette ist nun in expliziter Weise an die Fernsehvorlage angelehnt. Während dort allerdings der Wettende selbst ein Hackbeil in der Hand hält, um dem Wettpartner im Falle des Versagens des Feuerzeugs den kleinen Finger abzuhacken, wird in Tarantinos Segment der Hotelpage Ted dafür angeworben, weil Chester stark betrunken ist und befürchtet, im Ernstfall zu kneifen. Dies ist als Zugeständnis an die Rahmenhandlung der vier Episoden zu verstehen, die von dem ersten Arbeitstag des Pagen handeln, der kein Fettnäpfchen auslässt (hierauf weist schon der Zeichentrick-Vorspann im Stil der *Pink Panther*-Reihe hin, der den trotteligen Inspektor Clouseau in Erinnerung ruft). Tarantinos Finale ist keineswegs so spannend wie bei Hitchcock, vielmehr ignoriert er offen die dramaturgischen Vorgaben des Suspense. Bei Hitchcock erzeugen die Dialoge der Figuren eine Spannung bis zum Finale, das ebenfalls höchst dramatisch umgesetzt wird, denn sieben Mal wird das Feuerzeug unter dem zum Niedersausen bereiten Hackebeil erfolgreich gezündet, bevor plötzlich die Frau des Wettanbieters erscheint und der Szene ein abruptes Ende bereitet. Bei Tarantino versagt das Feuerzeug hingegen gleich beim ersten Mal und Ted versieht, die Belohnung vor Augen, pflichtbewusst seinen Dienst. Tarantino tritt den Spannungsaufbau mit Füßen und setzt auf einen Überraschungseffekt: Der schnelle Schnitt auf den abgehackten Finger (siehe Abbildung 1) steht in krassem Kontrast zum gemächlichen Tempo der Inszenierung. Solche Erwartungsbrüche hinsichtlich der Dramaturgie einer Handlung oder Szene wird Tarantino in seinen Filmen immer wieder erzeugen, etwa am Ende von *Kill Bill: Vol. 2* oder *Death Proof*. Charakteristisch ist auch die Untermalung der Szene mit dem fröhlich-albernen Titelsong *Vertigogo* von Combustible Edi-

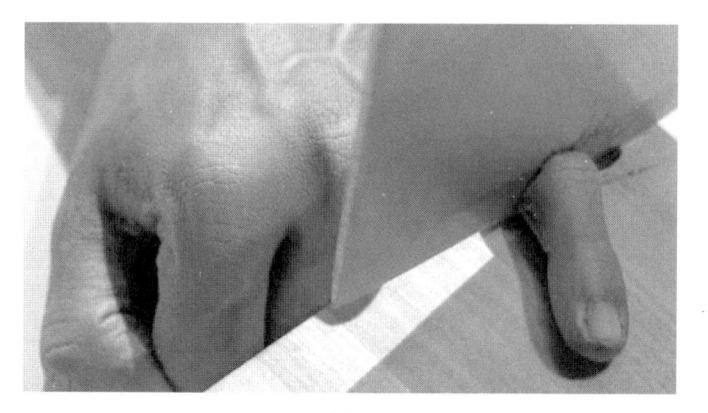

Abb. 1

son, der die Stimmung des um 1 000 Dollar reicheren Ted ausdrückt, der gut gelaunt zum Fahrstuhl tänzelt, während alle Übrigen in Panik ausbrechen und die Ambulanz rufen, damit Norman der Finger wieder angenäht werden kann. Durch die überraschende und gänzlich spannungslose Darstellung der Gewalt erhält die Szene, wie etwa die zufällige Erschießung von Marvin in *Pulp Fiction*, etwas Beiläufiges. Die eingespielte Musik und das slapstickartige Verhalten der Figuren, als sie zum Hospital aufbrechen – sie rennen panisch umher und fallen übereinander, während die *end credits* bereits über das Filmbild laufen –, lassen die Episode schließlich im Komischen enden.

From Dusk till Dawn (1996)

Der Maskenbildner Robert Kurtzman sichtet 1990 die Drehbücher zu *True Romance* und *Natural Born Killers* und bietet Tarantino daraufhin 1 500 Dollar an, damit er sein Treatment für einen Action-Vampir-Film zu einem umfassenden Drehbuch ausarbeitet. Kurtzmans Absicht ist, einen Film zu schaffen, in dem er mit seiner Make-up-Design-Firma die Muskeln spielen lassen kann. Deswegen soll der Film zahlreiche Actionszenen mit zombieähnlichen

Vampiren enthalten. Tarantino akzeptiert – es ist seine erste bezahlte Schreibarbeit –, das halb fertige Buch bleibt aber zunächst Jahre liegen. 1992 lernt Tarantino auf dem Toronto Film Festival Robert Rodriguez kennen, mit dem er sich auf Anhieb gut versteht. Als Rodriguez ihm von dem Wunsch erzählt, einen mexikanischen Horrorfilm zu drehen, bringt Tarantino sein Drehbuch ins Spiel. Schließlich wird der Film im Sommer 1995 im Grenzgebiet zwischen Mexiko und den USA gedreht. Auch dank Tarantinos Namen, der seit *Pulp Fiction* bei Produzenten und Fans hoch im Kurs steht, wird der Film insbesondere im Zuge seiner Videovermarktung zum Kultfilm und zieht zwei Fortsetzungen (ausschließlich auf Video) nach sich, an denen allerdings weder Tarantino noch Rodriguez künstlerisch beteiligt sind.

Der Handlungsbeginn weist einige Parallelen zu Tarantinos ersten beiden Drehbüchern auf: Die Brüder Seth und Richard Gecko sind als Mörder und Bankräuber auf der Flucht vor der Polizei nach Mexiko. Dabei jagen sie unter anderem einen Laden in der Wüste in die Luft und töten ihre im Kofferraum versteckte Geisel. In einem Motel treffen sie auf den Priester Jacob Fuller und seine zwei Kinder Kate und Scott. Sie zwingen Jacob, sie in seinem Wohnmobil über die Grenze zu schleusen. In einer grenznahen mexikanischen Bar namens Titty Twister möchten die beiden den Gangsterboss Carlos um Asyl bitten. Die dortige Belegschaft entpuppt sich plötzlich als ein Haufen Vampire. Am Ende eines spektakulären Kampfes mit ausgerissenen Extremitäten, rollenden Köpfen und zerplatzenden Körpern sind Seth und Kate die einzigen Überlebenden.

From Dusk till Dawn ist aufgrund der bewahrten Originalität des Drehbuchs viel Tarantino-typischer als *True Romance* oder *Natural Born Killers*. Während Robert Rodriguez dem zweiten Filmteil seine Handschrift verleiht und vor allem auf trashige Zombie-Filme wie Sam Raimis *The Evil Dead* (1981), *Evil Dead II* (1987) oder Peter Jacksons *Braindead* (1992) anspielt, ist die erste Filmhälfte wesentlich bedächtiger inszeniert und auf die verbalen Auseinandersetzungen der Hauptfiguren fokussiert. Eher untypisch für Tarantino ist, dass die Dialoge zwar oftmals witzig, aber niemals banal, vielmehr häufig mit lebensbedrohlichen Situationen verknüpft sind. Seth hält den Verkäufer, die Geisel und die Fuller-Familie nicht nur mit seiner Pistole, sondern insbesondere durch seine Eloquenz in Schach (siehe Abbildung 2, wo Mundwerk und

Abb. 2

Schießgerät auch visuell in Verbindung gesetzt werden), während der schüchterne und wortkarge Richard das umsichtige Vorgehen seines Bruders ein ums andere Mal mit seinen unkontrollierten emotionalen Ausbrüchen durchkreuzt. Die Sprache der Figuren, insbesondere von Seth, ist unverkennbar tarantinoesk. Auch hinsichtlich der Erzählstruktur lassen sich Parallelen zu seinen übrigen Drehbüchern erkennen. Zwar wird die Handlung ungewöhnlich linear präsentiert, aber die Verknüpfung von verschiedenen Genremustern samt ihrer dramaturgischen Implikationen ist wiederum charakteristisch für Tarantino. Diese hybride Erzählweise ist bereits in seinen ersten beiden Drehbüchern angelegt, prägt aber insbesondere seine späteren Filme. Die strukturelle Zweiteilung der Erzählung kehrt etwa auffällig in *Death Proof* wieder; die Verknüpfung von Räumen und Genrevorgaben wird schließlich in *Kill Bill: Vol. 2* systematisch ausgearbeitet. In *From Dusk till Dawn* markiert die Grenze zwischen Mexiko und den USA symbolisch den Genrewechsel, denn mit dem Austritt aus den strafrechtlich restriktiven Staaten werden auch die Regeln spannungsvollen Erzählens über Bord geworfen, um Platz für eine trashige Zerstückelungsorgie zu schaffen, deren Ausmaß für Tarantino nicht mehr charakteristisch ist. Hybrid ist außerdem auch die ungewöhnliche Vermengung von Zombie- und Vampirmotiven.

Zu der Komik des Films tragen neben dem Wortwitz der Dialoge und dem grotesken Trash in der zweiten Hälfte auch einige metafiktionale Spielereien bei. Als der Verkäufer in der Einstiegssequenz auf dem Boden verbrennt, ist das Knacken von aufplatzenden Maiskörnern zu hören – das frische Popcorn zur Vorführung wird vom Filmanfang gleich mitgeliefert, und die explizit dargestellte Gewalt wird eindeutig als filmisch ausgewiesen. (Die Ermordung der Geisel wird hingegen nicht gezeigt; bloß kaum wahrnehmbare Zwischenschnitte im Anschluss lassen das blutige Ausmaß der grauenvollen Tat erahnen. Die Schnitte sind untypisch für Tarantino, die Auslassung selbst hingegen ein Merkmal seiner Ästhetik.) Ein weiteres metafiktionales Element, das Komik generiert, ist das Gespräch der Figuren darüber, wie die Vampire am besten zu bekämpfen sind, denn sie tragen hierfür nicht nur ihr Wissen aus Vampirfilmen zusammen, sondern kommentieren dies auch noch ironisch, so als handele es sich um unzuverlässige Informationen, weil sie aus Filmen stammen. *From Dusk till Dawn* verfügt darüber hinaus auch über zahlreiche interfilmische Verweise. Nicht nur werden Motive und Szenen aus anderen Filmen entlehnt, sondern auch Dialogpassagen. So antwortet etwa Richard auf Kates Frage, was es in Mexiko gäbe: „Mexicans." Dieser Wortwechsel stammt aus Sam Peckinpahs *The Wild Bunch* (1969), auf den auch in der Eröffnungssequenz angespielt wird, wenn Seth zu dem Verkäufer sagt: „I will turn this place into the fucking Wild Bunch if I think that you are fucking with me."

Das hervorstechendste Merkmal des Films – der Bruch mit den Seherwartungen in Form des unmotivierten Genrewechsels – ist ebenso ein entscheidendes Merkmal von Tarantinos Ästhetik. Bereits die Eröffnungssequenz wartet mit einer Überraschung auf, da der Zuschauer während des Gesprächs zwischen dem Verkäufer und dem Sheriff noch nicht weiß, dass sich Seth und sein Bruder mit zwei Geiseln im Laden versteckt halten. *From Dusk till Dawn* verfügt also mit seiner Dialogizität, der hybriden Erzählweise, der Verbindung von Komik und Gewalt, den metafiktionalen Elementen und interfilmischen Verweisen sowie Erwartungsbrüchen über die zentralen Eigenschaften von Tarantinos Ästhetik, wenngleich der Mangel an Banalität und Albernheiten in den Dialogen sowie die Ästhetik der zweiten Filmhälfte sich eher von Tarantinos Stil entfernen.

Sin City, CSI: Crime Scene Investigation (2005)

Zehn Jahre, nachdem er eine Episode von *ER* inszeniert hat, führt Tarantino erneut bei einer Fernsehserie Regie, nämlich bei der Doppelfolge, die die fünfte Staffel der Krimiserie *CSI: Crime Scene Investigation* beschließt. Er denkt sich eine Geschichte aus, die anschließend von den Drehbuchschreibern der Serie ausgearbeitet wird. Folglich enthalten *Grave Danger: Volume 1* und *Grave Danger: Volume 2*, die am 19. Mai 2005 ausgestrahlt werden, zahlreiche tarantinoeske Einfälle, sind aber zugleich dramaturgisch wesentlich an den Erzählmustern der Serie orientiert. Die Handlung besteht darin, dass der Forensiker Nick Stokes, eine der Hauptfiguren der Serie, zu einem vermeintlichen Tatort – einem Haufen Innereien, der sich später als Hundegedärm entpuppt – gelockt und entführt wird. Um ein Lösegeld zu erpressen, beginnt der Entführer ein perfides Spiel mit den Ermittlern, bei dem Stokes lebendig begraben wird, wobei seine Kollegen durch eine versteckte Kamera dessen zunehmende Panik beobachten können. Das Motiv zitiert offensichtlich das Kapitel „The lonely grave of Paula Schultz" aus *Kill Bill: Vol. 2*, wird hier jedoch Spannung generierend auf einen Großteil der Erzählzeit ausgedehnt, wozu sich Tarantino von Jack Smights Fernsehfilm *The Longest Night* von 1972 hat inspirieren lassen.[6] Da der Entführer sich nach der Lösegeldübergabe am Ende der ersten Folge in die Luft sprengt (im zweiten Teil lässt Tarantino die Ermittler ausgiebig nach Leichenteilen suchen), ist der Gegner im zweiten Filmteil die Zeit. Hierbei zeigen sich einige charakteristische Merkmale der Forensik- und Profiler-Serien wie unrealistische zeitliche Abläufe, psychologisch fragwürdiges Figurenverhalten oder überraschend weitreichende rettende Einfälle. Der mangelnde Realismus ist nicht der bei Tarantino üblichen Übertreibung oder Komik geschuldet, sondern ein gewöhnlicher Effekt der Seriendramaturgie. Auf Tarantino gehen hingegen neben den unheimlichen und cineastisch wirkenden Aspekten der Geschichte auch zwei bizarre Szenen zurück, die die Handschrift des Regisseurs deutlich erkennen lassen: zum einen ein Dialog zwischen Tony Curtis, der sich selbst spielt, und Frank Gorshin, dem Darsteller des Riddler aus der *Batman*-Fernsehserie der 60er Jahre, in dem die beiden über das Glamour-Leben witzeln; zum anderen eine halluzinatorische Sequenz gegen Ende der zweiten Folge, als

Stokes die Luft auszugehen droht. Er stellt sich vor, wie er von zwei Pathologen auf brutale Art – unter anderem mit einer Motorsäge – ausgeweidet wird. Dies wird auf Tarantino-typische Weise blutig, übertrieben und komisch in Szene gesetzt. Bezeichnend ist allerdings, dass sich die Szene in ästhetischer Hinsicht von der übrigen Inszenierung merklich abhebt, womit deutlich wird, dass Tarantino nicht nur den dramaturgischen, sondern auch den ästhetischen Regeln der Serie weitgehend gehorcht. Auch der Paketbote, auf dessen T-Shirt „Fulci" steht, wirkt in seiner metafiktionalen Funktion als interfilmischer Verweis aufgesetzt: Tarantino spielt hier auf die Ekelästhetik des italienischen Horrorfilmregisseurs Lucio Fulci an, der er zum Beispiel gegen Ende huldigt, als riesige rote Ameisen in Stokes Sarg einbrechen. Die heterogene Ästhetik spiegelt sich auch im Musikeinsatz wider: Zwar gibt es an einigen Stellen auffällige Liedeinsätze von Warren Zevon oder Bob Neuwirth im Stile von Tarantinos üblicher popmusikalischer Bezugnahme, aber es dominiert der serientypische unauffällige Score im Dienst der dramaturgischen Verstärkung. Tarantinos Arbeiten fürs Fernsehen sind also keineswegs von seiner spezifischen Filmästhetik durchwirkt, sondern lediglich von charakteristischen Elementen durchsetzt, die stellenweise den Stil, aber vor allem inhaltliche Einfälle betreffen.

In Robert Rodriguez' *Sin City* (2007), der Verfilmung der gleichnamigen Comic-Reihe von Frank Miller (1991-1992), übernimmt Tarantino die Rolle eines *special guest director* und inszeniert eine knapp fünfminütige Sequenz aus der vierten Episode des Films. Es handelt sich dabei vor allem um eine freundschaftliche Geste, wie Tarantinos symbolisches Honorar von einem Dollar zeigt, denn für den gleichen Betrag hatte Rodriguez einige Musikstücke zum Soundtrack von *Kill Bill: Vol. 2* beigesteuert. Der Szene lässt sich nicht viel Tarantino-Typisches bescheinigen, zumal es das Prinzip der gesamten filmischen Adaption ist, sich so nah wie möglich an die Comic-Vorlage zu halten. Auch wenn sie inhaltlich wie ein bizarrer Einfall Tarantinos anmutet – während der Autofahrt imaginiert der Fahrer, dass die Leiche auf dem Beifahrersitz, der ein Pistolenlauf aus der Stirn ragt und deren Hals aufgeschnitten ist, ein Gespräch mit ihm anfängt –, steht die Szene so bereits im Comic. Tarantino nimmt sich aber einige kleine Freiheiten bei der Inszenierung heraus, die sich von Rodriguez' akribischer Vorlagentreue abheben: Ein mit einem Zischton unterlegter schneller

Zoom, wie er aus zahlreichen Tarantino-Filmen bekannt ist, unterstreicht etwa die plötzliche Erkenntnis des Fahrers, dass ihm das Benzin ausgeht. Außerdem wird mehrfach der aufgeschnittene Hals des eigentlich toten Beifahrers fokussiert, indem die Figur in einer Großaufnahme den Kopf zurücklehnt, wozu leise ein schiefer Ton erklingt. Die größte Abweichung vom Stil des Comics stellt die Farbgestaltung dar, denn Tarantino lässt bunte Farbtupfer über das Schwarz-Weiß-Bild gleiten, um den surrealen Eindruck der Szene zu verstärken und sie damit auch visuell als Halluzination auszuweisen. Der komische Dialog zwischen dem Fahrer und dem Toten ist hingegen weitgehend von Miller übernommen.

Reservoir Dogs (1992)

I. Handlung

Tarantinos Regiedebüt ist ein *caper* oder *heist movie* – mit einer bedeutenden Genremodifikation, denn der *heist*, der Überfall, wird gar nicht gezeigt. Der Film handelt stattdessen von den Folgen des Diebstahls, der wegen eines Verrats aus den eigenen Reihen außer Kontrolle gerät. Der Gangster-Boss Joe Cabot heuert sechs Schurken für einen Diamantenraub an, die titelgebenden *Reservoir Dogs* – arme Hunde, von denen am Ende bloß einer überlebt.[1] Damit im Fall einer Verhaftung niemand verpfiffen werden kann, erhält jeder Gangster einen Decknamen: Mr Blonde, Mr Brown, Mr White, Mr Orange, Mr Pink und Mr Blue. Der größte Teil der Handlung spielt in einem Lagerhaus, dem Treffpunkt nach dem Überfall, und kreist um die Frage nach dem Verräter. Als Erste treffen Mr White und der durch einen Bauchschuss schwer verletzte Mr Orange ein, kurz darauf Mr Pink. Zwischen Mr White und Mr Pink entbrennt eine heftige Diskussion über den möglichen Verräter. Für den kühl kalkulierenden und misstrauischen Mr Pink kommt jeder Kumpan als Denunziant in Frage, während der barmherzige Mr White den Verletzten aus der Schusslinie nehmen möchte und sich für dessen Vertrauenswürdigkeit einsetzt. Als Vierter stößt der unberechenbare Mr Blonde zu der Gruppe, der einen Polizisten gefangen genommen hat. Mr Brown und Mr Blue wurden bei dem Überfall getötet. Als Mr White und Mr Pink mit Cabots Sohn Eddie aufbrechen, um die versteckten Diamanten zu holen, wird der Polizist von Mr Blonde grundlos gefoltert und mit Benzin übergossen. Bevor er ihn anzünden kann, erlangt Mr Orange, der fast die gesamte Handlung in Ohnmacht liegt, das Bewusstsein wieder und erschießt Mr Blonde. Im Gespräch mit dem gefolterten Polizisten stellt sich heraus, dass er selber Polizist im Undercover-Einsatz ist. Nachdem sich alle wieder im Warenhaus versammelt haben, erscheint der Gangster-Boss höchstpersönlich, um den Verräter zur Strecke zu bringen. In einem *Mexican standoff* erschießen sich Mr White, Mr Orange und die beiden

Cabots gegenseitig, während Mr Pink, der als Einziger kühlen Kopf bewahrt und sich während der Schießerei unter einer Rampe versteckt, mit den Diamanten entkommt.

II. Produktion und Rezeption

Über sechs Jahre lang hatte Tarantino erfolglos versucht, unabhängige Gelder für die Produktion von *True Romance* und *Natural Born Killers* aufzubringen, um sich seinen Traum vom Spielfilmregiedebüt zu erfüllen. Aus Frust schreibt er innerhalb von drei Wochen *Reservoir Dogs*, ein günstig umzusetzendes Drehbuch, und plant, den Film für die 30 000 Dollar, die er als Honorar für das Drehbuch von *True Romance* erhalten hat, auf billigem 16-Millimeter-Filmmaterial und in Schwarz-Weiß zu drehen. Hierüber trifft er eine Vereinbarung mit dem befreundeten Produzenten und Schauspieler Lawrence Bender, der mit etwas Glück einen Kontakt zu dem berühmten und von Tarantino bewunderten Harvey Keitel etabliert – Keitel ist mit der Frau von Benders Schauspiellehrer befreundet. Der gestandene Star, der vor allem durch Rollen in Filmen von Martin Scorsese bekannt wurde, ist vom Skript begeistert, übernimmt eine Hauptrolle und koproduziert den Film. Der geplante Etat wächst sprunghaft auf eineinhalb Millionen an. Der Dreh beginnt am 29. Juli 1991 und dauert dreißig Tage. Anstatt des für Low-Budget-Produktionen üblichen billigen Filmmaterials verwendet Tarantino nun wenig lichtempfindliches Material, was den Belichtungsaufwand erhöht, aber sattere Farben produziert. Da die Geschichte wesentlich unverändert bleibt, erscheint der Film zwar als kleine, aber filmtechnisch und -ästhetisch besonders anspruchsvolle Produktion, was die Filmwelt auf Tarantino aufmerksam werden lässt. Auf dem Sundance Film Festival feiert *Reservoir Dogs* am 21. Januar 1992 schließlich Premiere.

Von den meisten Filmkritikern wird Tarantino für sein Regiedebüt sehr gelobt. Sie heben besonders das intensive Schauspiel, die bissigen Dialoge, die unkonventionelle Erzählweise und die realistisch-ungeschönte Gewaltdarstellung hervor, für die Tarantino aber auch Kritik einstecken muss. Die ambivalente Haltung der

Kritiker zur Inszenierung der Gewalt in *Reservoir Dogs* liegt in der starken emotionalen Wirkung der Gewaltszenen begründet. Jami Bernard etwa vergleicht den Film mit *L'arrivée d'un train en gare de La Ciotat* von 1896, dem berühmten Kurzfilm der Lumière-Brüder, der einen heranfahrenden Zug zeigt – ein dreidimensionaler Effekt, den das zeitgenössische Publikum nicht kannte, weswegen es fluchtartig das Café verließ, in dem der Film gezeigt wurde. Ähnlich revolutionär und gewöhnungsbedürftig sei die Wirkung von Tarantinos Film auf das Kinopublikum Anfang der 90er Jahre, das für eine solch effektvolle Präsentation von Gewalt noch nicht bereit sei.[2] Andererseits wird die drastische Gewalt von vielen bemängelt, denn sie ist nicht jedermanns Sache: Tarantino selbst behauptet, dass bei jeder Vorführung des Films einige Zuschauer den Zuschauerraum verlassen.[3] Kenneth Turan von der *Los Angeles Times* bringt diesen zwiespältigen Eindruck treffend auf den Punkt, wenn er den Film „terribly authentic"[4] nennt: Die Brutalität des Films gilt als unvergleichlich, was sie ebenso bemerkens- wie bedenkenswert macht. Dennoch wird die aufrührende Darstellungsweise überwiegend begeistert aufgenommen. So schreibt Hal Hinson von der *Washington Post*: „If Quentin Tarantino's gritty, bone-chilling, powerfully violent new film, *Reservoir Dogs*, doesn't pin your ears back, nothing ever will. […] It's brutal, it's funny and you won't forget it. Guaranteed."[5]

An der Kinokasse hat *Reservoir Dogs* mäßigen Erfolg. Im Fahrwasser von Tarantinos nächstem, überaus erfolgreichem Film *Pulp Fiction* entwickelt er sich allerdings zum Kassenschlager auf Video. Zum Kultstatus des Films trägt auch bei, dass er in Großbritannien auf Video zunächst verboten wird, so dass der Film im Sommer 1994 zum zweiten Mal und mit größerem Erfolg in den Kinos anläuft. Auf zahlreichen Festivals werden *Reservoir Dogs* und Tarantino mit Nominierungen und Preisen geehrt. Unter anderem erhält der Regisseur in demselben Jahr, als der Film erneut in den britischen Kinos startet, bei den London Critics Circle Film Awards den *ALFS Award* als „Newcomer of the Year".

III. Inhaltliche Analyse

Der Clou des Films besteht in der audiovisuellen Aussparung des Überfalls, der im Zentrum der Handlung steht. Dies geht weniger auf einen Einfall Tarantinos als auf eine produktionelle Notwendigkeit zurück, da der Regisseur beim Verfassen des Drehbuchs stets das knappe Budget im kreativen Bewusstsein hatte.[6] Weitere zentrale Aspekte sind die fehlende chronologische Ordnung der erzählten Geschichte und die hohe Dialogizität des Films. Unter den zahlreichen *heist movies*, die für Tarantinos Film Pate standen, ragt Stanley Kubricks *The Killing* (1956) hervor, der sich ebenfalls durch eine spannende zeitliche Umstellung der Ereignisse auszeichnet. Darüber hinaus hatten insbesondere zwei weitere Filme einen besonderen Einfluss auf Tarantinos Debüt: erstens John Carpenters Horrorstreifen *The Thing* (1982), in dem eine Forschergruppe in einer Station in der Antarktis festsitzt und gegen eine außerirdische Lebensform kämpft. Tarantino ist fasziniert von der Kammerspielatmosphäre und der Intensität der Gruppendynamik, die von Misstrauen und Paranoia angetrieben wird (viele Jahre später wird er sich für *The Hateful Eight* erneut von *The Thing* inspirieren lassen).[7] Zweitens sind einige inhaltliche Elemente, Einstellungen und selbst ganze Szenen Ringo Lams Actionfilm *Lung fu fong wan* (*City on Fire*, 1987) entlehnt: etwa die Idee, dass ein Polizist eine Bande von Juwelendieben infiltriert, oder die Geständnis-Szene am Schluss.

Tarantinos eigene Handschrift zeigt sich buchstäblich in den Dialogen: Wie sehr es in diesem Film um Wortwitz und sprachliche Finesse geht, verdeutlicht schon die Anfangssequenz, in der sich die Gangster in einem Coffeeshop treffen und sich ein verbales Scharmützel über belanglose Alltagsthemen liefern, um sich zu profilieren. Mr Brown, der von Quentin Tarantino gespielt wird, hat hier seinen umfangreichsten Auftritt: In einem ironischen Selbstverweis macht Tarantino auf seine Originalität als Drehbuchschreiber aufmerksam, indem er seiner Figur eine abenteuerliche Interpretation von Madonnas Popsong *Like a Virgin* in den Mund legt, die gleichsam den Anstoß für die hoch sexualisierte und brutalisierte Sprache des Films gibt (Gormley spricht in diesem Zusammenhang von einer afroamerikanischen Rap-Ästhetik des Films, die sich die weißen Gangster zu eigen machen[8]). Die Figuren werden vor allem sprachlich ausdifferenziert. So finden sich zum Beispiel im Drehbuch keine Hinweise auf ihr individuelles Äußeres oder ihren Charakter. Auch im Film erscheinen sie zunächst uniform durch ihre schwarzen Anzüge. Tarantino impliziert die Charakterzeichnung in den Figurengesprächen: „I wanted the characters' personalities to be expressed through the dialogue."[9] Die gesprochene Sprache ist die Triebfeder des Films, der seine Spannung weniger aus dem Fortgang der Handlung als aus den Reibereien zwischen den Gangstern bezieht. Symptomatisch hierfür ist die Szene, in der Joe Cabot die Decknamen für die Operation verteilt. Er kommt nicht dazu, den Plan für den Diebstahl zu erläutern, weil die Eitelkeit der Schurken zu einem Streit um die besten Namen führt. Cabot setzt dem mit seiner rhetorischen Dominanz ein Ende. Die Szene bricht ab, als er zum Briefing ansetzt, das heißt, als die Gangster mundtot sind.

Die Kraft der Sprache zeigt sich auch in der metafiktionalen Sequenz, in der Freddy Newandyke alias Mr Blonde seine *commode story* einübt – eine Drogengeschichte, die seine falsche Identität absichern soll. Er erzählt sie den Gangstern so flüssig und anschaulich, dass sie ihnen absolut glaubwürdig erscheint. Überhaupt dient das Geschichtenerzählen, genauer: das ausgeschmückte Erzählen von Geschichten in derber Sprache, als Kitt, der die Einzelgänger zu einer Gruppe zusammenfügt. Beispielsweise werden auf dem Weg zum Briefing im Auto schlüpfrige Geschichten erzählt, was für allgemeine Erheiterung sorgt und Zusammenhalt stiftet. Die Sprache erfüllt im Film außerdem die Funktion des Botenberichts, eines aus dem Theater stammenden Stilmittels, das zur Vermittlung von Geschehen dient, das bereits stattgefunden hat und nicht gezeigt worden ist. So werden im anfänglichen Gespräch zwischen Mr White und Mr Pink Informationen über den missglückten Überfall vermittelt, indem die beiden die Ereignisse dialogisch rekonstruieren. Die Dialogizität und das Kammerspielartige von *Reservoir Dogs* stellen intermediale Bezüge zum Theater dar.

Tarantino macht selber einen weiteren intermedialen Bezug des Films stark: den zur erzählenden Literatur: „I've always considered *Reservoir Dogs* as the pulp novel I'll never write. I tried very hard for a novelistic structure."[10] Die Umstellung der Chronologie der Ereignisse ist für Tarantino ein romanhaftes Element, das dadurch Spannung erzeugt, dass der Zusammenhang des Erzählten zunächst im Unklaren bleibt. Explizit wird der Bezug zur Literatur in den

Kapitelüberschriften, die drei der vier Rückblenden einleiten, die zur weiteren Charakterisierung der Figuren dienen. Diese Einschübe stellen auch selbstreflexiv die Konstruktion des Erzählens aus, weil sie die Haupthandlung unterbrechen. Sie begründen außerdem die Episodenhaftigkeit des Erzählens, die sich neben der hohen Dialogizität zu einem prägenden Stilmittel von Tarantinos Filmen entwickeln wird.

Ein Großteil der Gewalttätigkeit der Figuren ist in *Reservoir Dogs* in ihre Sprache verlagert: Sie fungiert als rhetorischer Ersatz für den physischen Kampf. Gleichwohl enthält der Film nicht nur sprachliche Gewalt oder ihre sprachliche Androhung, sondern auch physische Gewalt. Ein Polizist wird gefoltert und erschossen; sieben der acht am Diebstahl Beteiligten werden getötet, nur zwei davon *offscreen*. Zwar weist der Film zahlreiche humorvolle Stellen auf. Die Gewaltszenen zählen jedoch nicht hierzu, wenngleich Gewalt und Komik mitunter nah beieinander liegen (siehe hierzu die Szenenanalyse). Damit nimmt der Film in Tarantinos Œuvre, das Komik und Gewalt systematisch verbindet, eine Ausnahmestellung ein, die erst mit *Django Unchained* weiter ausgebaut wird. Sterben wird hier nicht übertrieben grotesk oder comicartig inszeniert, sondern quälend langsam ausgebreitet, denn die Erzählung orientiert sich am sterbenden Mr Orange, der zu Beginn des Films schreiend auf dem blutüberströmten Rücksitz eines Autos gezeigt wird und am Filmende gemeinsam mit Mr White stirbt. Die ihm zugeordnete Rückblende, die ihn als Undercover-Polizisten entlarvt, steht an exponierter, nämlich an letzter Stelle und ist die längste von allen. Dadurch wird er rechtzeitig vor seinem Tod zu einer sympathischen Figur mit tragischer Fallhöhe, deren Schicksal ergreifen soll, wobei sein wehklagendes Geständnis, den neugewonnenen Freund betrogen zu haben, die aufrührende Wirkung noch verstärkt.

IV. Audiovisuelle Analyse

Die an das Drama angelehnte Inszenierung wird durch das Kameraverhalten unterstützt. Die Kamera agiert meistens unauffällig,

Abb. 3

wodurch sich die Wirkung der Dialoge frei entfaltet. Der Eindruck eines Kammerspiels wird auch durch die Montage verstärkt, denn die Szenen im Lagerhaus kommen mit wenigen Schnitten aus, was die zeitliche und räumliche Darstellung vereinheitlicht. Allerdings weicht das Kameraverhalten an ausgewählten Stellen bewusst von der zurückhaltenden Inszenierung ab, etwa wenn eine halbtotale Einstellung der kämpfenden Mr White und Mr Pink in einer Rückfahrt zu einem *over the shoulder shot* wird, der Mr Blonde als Beobachter in die Szene einführt. Oder wenn zuvor ein Flur symmetrisch ins Bild gesetzt wird, der nur teilweise einen Blick in den Waschraum gestattet, in dem sich Mr White und Mr Pink unterhalten (siehe Abbildung 3). Während aus dem Off das Zetern von Mr Pink zu hören ist, wird Mr White in der Bildmitte platziert. Er bildet für den Betrachter einen Ruhepunkt und wird als zentrale Figur inszeniert, die nicht nur Mr Pink zur Räson bringt, sondern auch als bestimmend und meinungsbildend erscheint. Geschickt wird hierdurch visuell der Verdacht zerstreut, es könne sich bei Mr Orange um den Verräter handeln (denn dies ist nach Whites Meinung unvorstellbar), zumal dieser sich nunmehr im *offscreen space* aufhält. Dies zieht Aufmerksamkeit von ihm ab und bereitet die überraschende Wirkung seines später folgenden Eingriffs in die Handlung vor.

Auch die Eröffnungssequenz im Coffeeshop ist visuell auffällig inszeniert. Die Kamera fängt die am Tisch sitzenden Gangster unabhängig davon, wer spricht, in einer Rundfahrt ein, so dass die Figuren teilweise im Off reden. Die Bewegung der Kamera folgt der Dynamik des Gesprächs und dient nicht etwa dem orientierenden Einstieg in den Film. Die audiovisuelle Darstellung geht in medias res und gibt damit das Erzähltempo vor, das nicht nur die filmischen Dialoge, sondern auch die filmische Erzählweise selber auszeichnet. Beispielsweise fehlen grundsätzlich *establishing shots*, die eine Orientierung im Raum ermöglichen. Die dargestellten Räume entsprechen stattdessen den Aktionsräumen der Figuren. Die Figurenhandlungen wiederum bestehen meistens in Figurenrede oder sind hiermit verknüpft. Es gibt also in *Reservoir Dogs* einen grundlegenden Zusammenhang zwischen der Darstellung der Sprache und der des Raums. So verdeutlicht die Kamerafahrt auch das Verspielte an den Ausführungen über Madonnas Song *Like a Virgin*, die vor allem zur allgemeinen Unterhaltung der Gruppe dienen, während das anschließende kurze Streitgespräch zwischen Cabot und Mr White um ein Adressbuch dann in statischen Schuss-Gegenschuss-Einstellungen und *two shots* (das heißt, die Einstellung zeigt beide Gesprächspersonen) gezeigt wird. So wird die Aufmerksamkeit in dem Maße von der Inszenierung auf das Gespräch gelenkt, in dem sich das Kameraverhalten der Sprachdynamik unterordnet.

Wie sehr die Sprache den filmischen Raum dominiert, macht die metafiktionale Sequenz innerhalb der vierten und letzten Rückblende anschaulich, in der Newandyke seine *commode story* einübt wie ein Schauspieler seine Rolle. Zunächst spricht er den Text bei sich zu Hause: stockend und wiederholt in den Textausdruck schauend. In der nächsten Szene spricht er den Text flüssig und mit veränderter Intonation. In der dritten Szene erzählt er die Geschichte in einer Bar den Gangstern. Auf der Tonspur werden die verschiedenen Stimmen zu einer einheitlichen Erzählung montiert, die die drei Darstellungsräume verklammert, so dass die Bild-Ton-Montage Newandykes Lernfortschritt illustriert. Gleichzeitig werden durch die Montage Ortswechsel, Auslassungen und Verknüpfungen als zentrale Merkmale von Erzählen charakterisiert. Der inhaltliche Höhepunkt der intradiegetischen Erzählung wird auf metafiktionale Weise hervorgehoben, indem die filmische Hervorbringungsinstanz die mündliche Figurenrede audiovisuell umsetzt, um eine Geschichte darzustellen, die in der erzählten Welt niemals stattgefunden hat. Während es sich bei den Rückblenden in *Reservoir Dogs* um mimetisch zuverlässige Darstellungen der erzählten Welt handelt, ist die audiovisuelle Umsetzung der *commode story* eine gut erzählte Lüge. Zusätzlich wird die Erzählerfigur

Abb. 4

durch eine Metalepse in ihre eigene Erzählung geholt: Während Newandyke in der Bar berichtet, wie er in einer Toilette auf eine Gruppe von Polizisten trifft, tritt er in einer paradoxen Ebenenüberschreitung plötzlich als Erzähler in der fiktiven Toilettenszene auf (siehe Abbildungen 4 und 5). Die dynamische Kamerafahrt in Untersicht verdeutlicht zum einen den Fluss seiner Erzählung, zum anderen die Kontrolle, die er erstens über die Geschichte, zweitens über die Zuhörenden hat, die – das versinnbildlicht die Aufsicht – an seinen Lippen hängen. Nicht nur die Glaubwürdigkeit, sondern auch die Spannung der Geschichte liegen in der Finesse ihrer sprachlichen Vermittlung begründet – das gilt für die *commode story* ebenso wie für Tarantinos Film selbst, der zwar nicht sprachlich, sondern audiovisuell vermittelt, aber von der Sprache seiner Figuren getragen wird.

Bei der in *Reservoir Dogs* verwendeten Musik handelt es sich um Popmusik aus den 70er Jahren, die Tarantino einerseits einsetzt, weil er sie selber gerne hört, andererseits, weil er genau weiß, dass er damit aneckt, da sie nicht jedermanns Sache ist.[11] Die wenige in *Reservoir Dogs* eingesetzte Musik ist diegetisch, das heißt ihr werden Quellen in der erzählten Welt zugewiesen wie Radios oder Stereoanlagen. Sie wird größtenteils von einem fiktiven Radio-DJ kommentiert und arrangiert, der lediglich als *voice over* in Erscheinung tritt und eine Sendung namens *K-Billy's Super Sounds of the Seventies* moderiert, eine Liebhabersendung mit historischem Popbezug. Die Filmmusik dient also nicht dazu, die Geschichte historisch zu situieren, sondern charakterisiert die Gangster als Anhänger unzeitgemäßer Popmusik. Gleichzeitig verrät die Art der in-

Abb. 5

haltlichen Einbindung der vorhandenen Musik viel über die Machart von Tarantinos Filmen, deren erzählte Welten weniger Referenzen auf die außerfilmische Realität als vielmehr auf andere Filme und die Popkultur im Allgemeinen enthalten, die – wie in *Reservoir Dogs* – entweder in audiovisuellen Zitaten auf der Ebene des Erzählens bestehen oder von den Figuren auf der Ebene des Erzählten erwähnt werden. Die Funktion der Musik besteht einerseits darin, das Gezeigte zu kontrastieren und ironisch zu brechen, andererseits in klassischer Stimmungszeichnung. Beispielsweise ist das lässige *Little Green Bag* von der George Baker Selection über die Titelsequenz gelegt, in der die Gangster in Zeitlupe über die Straße schlendern und von der Kamera in Nahaufnahmen einzeln in den Blick genommen werden. Die Szene etabliert die Gangster als coole, stilbewusste Profis in schwarzen Anzügen, mit Krawatte und Sonnenbrille. Gleichzeitig fungiert sie als metafilmischer Kommentar zur spezifischen Ästhetik von *Reservoir Dogs*, weil die Geschichte hier stilbewusst in geschliffener Sprache, farbsatten Bildern und mit unterhaltender Musik erzählt wird. Mit dieser ausgestellten Ästhetik korreliert der kontrastive Musikeinsatz in anderen Szenen. Als der Polizist in das Lagerhaus geschleppt und verprügelt wird, erklingt etwa *I Gotcha* von Joe Tex, dessen Text die Gefangennahme des Polizisten zu kommentieren scheint, während die funkig-verspielte Musik einen ironischen Gegenpunkt zur erbitterten Prügelei setzt. Auch die kurz darauf folgende Folterszene wird nicht mit einer dramatischen oder bedrohlichen Musik unterlegt, sondern mit einem beschwingt-heiteren Stück, das die ausgeübte Gewalt ironisch kommentiert.

V. Szenenanalyse

Besonders berüchtigt ist die Folterszene, in der Mr Blonde dem Polizisten mit einem Rasiermesser ein Ohr abschneidet. Dies verwundert insofern, als die Szene das Grundprinzip der Darstellung von *Reservoir Dogs*, die Auslassung, in nuce wiederholt, denn das Abschneiden wird gar nicht gezeigt. Trotzdem spricht nicht nur die Filmkritik, sondern auch die wissenschaftliche Literatur der Szene eine Schockwirkung zu. Paradoxerweise wird dies gerade mit dem Prinzip der Auslassung selber begründet, die den Zuschauer zwinge, sich die Szene vorzustellen, was mindestens so schrecklich sei, wie die Folterszene selber wahrzunehmen.[12] Hierbei bleibt allerdings unberücksichtigt, dass das Wegschwenken der Kamera in erster Linie die Blickabkehr des Zuschauers imitiert und damit eine abschwächende Wirkung hat. Beispielsweise wenden viele Zuschauer in Horrorfilmen bei schrecklichen Szenen den Blick ab oder halten sich Augen beziehungsweise Ohren zu, um den audiovisuellen Reizen zu entgehen. Die erzwungene Blickabwehr geht also auf eine Darstellung zurück, deren Anblick nicht auszuhalten ist. Sie wird dem Zuschauer in *Reservoir Dogs* von der Kamera abgenommen, die nach dem Schwenk vielsagend auf der Botschaft „watch your head" stehenbleibt, die über einem niedrigen Durchgang auf die Wand geschrieben steht. Mitnichten ist also die Aussparung des Grässlichen grässlicher als das Grässliche selbst. Vielmehr wirken audiovisuelle Reize unmittelbar und unweigerlich auf die emotionalen Zentren des Gehirns ein, während unangenehme Vorstellungen aufgrund der Unlustgefühle, die sie evozieren, tendenziell unterdrückt werden. Das besondere Merkmal der Gewaltszene ist also zunächst einmal der Verzicht auf unmittelbare visuelle Unlustreize. Gleichwohl wird ihre Wirkung nicht aufgehoben, weil sie spannungsvoll und realistisch dargestellt wird und weil sich die illusionsstörenden Merkmale, mit denen die gesamte Szene durchsetzt ist, hier nicht auf die Gewaltdarstellung selber, sondern lediglich auf ihre inhaltliche Einbindung beziehen.

Die dargestellte Gewalt wird nicht affirmiert. Der gewalttätige Mr Blonde ist keine sympathische Figur, sondern ein unberechenbarer Psychopath. Allerdings sollte die pathologische Dimension der Figurenpsychologie auch nicht überbewertet werden[13], denn zahlreiche Elemente der Darstellung stellen den Konstruktionscharakter der Szene unter Beweis, so dass Mr Blonde vor allem als Erfüllungsgehilfe einer Darstellungsabsicht erscheint. Er kündigt beispielsweise an, dass er den Polizisten nicht etwa foltern werde, um Informationen zu erhalten, sondern aus schierer Lust. Damit kommentiert er metafilmisch die Absicht, die hinter der audiovisuellen Inszenierung steht, denn hier soll weder die Mitteilung von Informationen motiviert noch eine Figur psychologisch vertieft, sondern insbesondere Filmgewalt um ihrer selbst willen inszeniert werden. Die Folter um der Folter willen ist dementsprechend als kaum verdeckter Hinweis auf das ästhetizistische Prinzip des *l'art pour l'art* zu verstehen. Als Mr Blonde das Radio einschaltet, kündigt der Radio-DJ *Stuck in the Middle with you* an, einen „Dylanesque-pop-bubble-gum"-Song von Stealers Wheel. Durch den offensichtlichen ironischen Bezug des Filmtitels zur prekären Situation des Polizisten wird nicht nur die Konstruiertheit der Inszenierung offen gelegt, sondern auch ihr Fiktionsstatus auf eine harte Probe gestellt: Die Musik ist diegetisch, kommentiert aber die Szene, in der sie erklingt. Das ist nahe am Fiktionsbruch, denn die Koinzidenz stellt im Rahmen der erzählten Welt einen so unerhörten Zufall dar, dass die kompositorische Motivierung des Musikeinsatzes auffällig durchscheint. Die Szene entwickelt nun eine absurde Komik, da Mr Blonde zu singen und zu tanzen beginnt. Allerdings endet der komische Effekt abrupt mit dem Abschneiden des Ohrs, das *offscreen* stattfindet, aber von den Schreien des Polizisten illustriert wird. Komik und Gewalt stehen hier zwar nahe beieinander, aber die Gewalt ist nicht komisch, da sie nicht übertrieben oder in anderer Weise verfremdet, sondern realistisch inszeniert wird. Allerdings wird die Gewaltdarstellung auf metafiktionale und komische Weise gerahmt. Dies schwächt zwar nicht die emotionale Wirkung der gezeigten Gewalt, bezieht aber Stellung zu ihr, indem die Gewalt unmissverständlich als filmisch gekennzeichnet wird. Was die Gewalt so schwer erträglich macht, ist ihre realistische Darstellung; was die Gewaltdarstellung ethisch absichert, ist ihre ästhetizistische Rahmung, die die Gewalt als Filmgewalt präsentiert. In diesem Rahmen gehen sogar Erzählfunktionen der filmischen Vermittlungsinstanz auf die Figur des Polizisten über, wie um zu verdeutlichen, dass es sich nur um eine Filmszene handelt, die von den Schauspielern nach Belieben transformiert werden kann. Als er von Mr Blonde mit Benzin übergossen wird, ruft der Polizist mehrfach „Stop!", wie um der Szene ein Ende zu machen, worauf die Musik aus dem Radio aussetzt. Die Metafiktionalität der Szene wird dadurch abgerundet, dass Mr Orange wie ein Deus ex Machina aus seiner Ohnmacht erwacht, um Mr Blonde in dem Moment zu erschießen, als er den Polizisten anzünden möchte. Die überraschende Wendung zitiert ein konventionelles Strukturelement des Thrillers und strapaziert für die Einhaltung der generischen Regeln diejenigen des Realismus. Alle Fiktionalitätssignale beinträchtigen jedoch nicht die emotionale Wirkung der dargestellten Gewalt, deren realistische Audiovisualität auf den Magen schlägt.

Pulp Fiction (1994)

I. Handlung

Der Titel *Pulp Fiction* bezeichnet die Schundliteratur, mit deren Handlungsmustern und Gangsterklischees Tarantino arbeitet, um sie zu ironisieren oder ihnen überraschende, meist komische Wendungen zu geben.

Der Film hat drei Handlungsstränge, die durch zwei Figuren, den Killer Vincent Vega und den Gangsterboss Marsellus Wallace, zusammenhängen. Die Episoden werden nicht-linear montiert, es lässt sich aber eine chronologische Geschichte rekonstruieren. Der erste Teil, „The Bonnie Situation", handelt von zwei Auftragskillern, Vincent und Jules, die im Auftrag von Marsellus ein Apartment mit vier jungen Männern überfallen, um einen kleinen Koffer zu entwenden. Dabei erschießen sie zunächst drei der Männer und später im Auto versehentlich den vierten. Um das Auto reinigen und mit der Leiche verschwinden zu lassen, trifft das Killerpaar bei Jimmie (gespielt von Tarantino) ein, der die Angelegenheit an den Spezialisten „The Wolf" weitergibt. Nachdem das Auto beseitigt worden ist, gehen Vincent und Jules in ein Schnellrestaurant. Das dort sitzende Liebespaar Pumpkin und Jolanda beginnt plötzlich einen Überfall. Jules kann Pumpkin jedoch entwaffnen, als dieser den Inhalt des Koffers bestaunt, der kurze Zeit später auftragsgemäß bei Marsellus abgeliefert wird. Die drei Teile werden durch zahlreiche Querverweise, vor allem aber durch eine Szene in einer Bar miteinander verbunden: Vincent und Jules treten ein, nachdem der Boxer Butch von Marsellus bestochen wird, im nächsten Kampf zu Boden zu gehen und seinen Gegner gewinnen zu lassen. Im zweiten Teil, „Vincent Vega and Marsellus Wallace's Wife", führt Vincent Marsellus' Frau Mia in dessen Auftrag in ein Tanzlokal aus. Nachdem diese später zu Hause ins Koma fällt, weil sie Vincents Heroin versehentlich für Kokain gehalten und entsprechend durch die Nase eingezogen hat, sucht Vincent Hilfe bei seinem Drogendealer Lance und sticht Mia eine wiederbelebende Adrenalin-Spritze ins Herz. Teil drei, „The Gold Watch", handelt von Boxer Butch, der sich nicht an die Abmachung mit Marcellus hält. Nachdem er seinen Gegner im Ring totgeschlagen hat, will er mit seiner Freundin Fabienne vor Marsellus fliehen, muss aber in seine Wohnung zurückkehren, weil Fabienne dort die goldene Uhr vergessen hat, die schon sein Urgroßvater getragen hat. Er erschießt Vincent, der sich in der Wohnung befindet, fährt auf dem Rückweg Marsellus mit dem Auto an und flüchtet sich, von diesem verfolgt, in ein Pfandleihhaus. Dort wird Marsellus von dem Pfandleiher und dessen Freund Zed beinahe vergewaltigt, als Butch, der entfliehen kann, umkehrt, um ihn mithilfe eines Samurai-Schwerts gewaltsam zu retten. Schließlich fährt Butch auf Zeds Motorrad mit Fabienne davon.

II. Produktion und Rezeption

Nachdem Tarantino mit *Reservoir Dogs* erfolgreich ist, erhält er 1992 einen finanziellen Vorschuss für das nächste Projekt und verreist für einige Monate nach Amsterdam, wo er das Drehbuch zu *Pulp Fiction* schreibt. Die Gold-Watch-Episode existiert zu dem Zeitpunkt schon, denn sie geht auf eine Geschichte zurück, die sein alter Freund Roger Avary bereits einige Jahre zuvor schrieb. Der Amsterdamaufenthalt schlägt sich besonders in dem berühmt gewordenen Dialog zwischen Vincent und Jules nieder, in dem es unter anderem darum geht, dass in Amsterdamer Kinos das Bier in Gläsern serviert wird. Die Skript-Ideen für *Pulp Fiction* hatten Tarantino und Avary bereits vor *Reservoir Dogs*. Der Ausdruck „Pulp Fiction" wurde derzeit vor allem mit der Zeitschrift *Black Mask* assoziiert, in der harte Kriminalgeschichten abgedruckt wurden, aber auch generell mit der Tradition der Horror- und Krimitaschenbücher, die seit den 30er Jahren als Groschenhefte verbreitet waren. Eine Anspielung darauf findet sich in der Filmszene, in der Vincent in Butchs Wohnung von der Toilette kommt und den Pulp-Roman *Modesty Blaise* (1965) von Peter O'Donnell in der Hand hält.

Die Produktionsfirma Columbia TriStar lehnt das *Pulp Fiction*-Skript aufgrund der Drogen- und Gewaltszenen ab, woraufhin Tarantino Mitte 1993 einen neuen Vertrag mit Miramax schließt.

Die Dreharbeiten laufen von September bis November 1993. Der Film kommt mit dem relativ geringen Budget von acht Millionen Dollar aus. Aufwendig ist nur das Produktionsdesign für die Jack-Rabbit-Slim's-Szene. Hier wird ein reales Lokal in Los Angeles von innen als 50er-Jahre-Themenrestaurant mit Cabriolets als Esstischen umgebaut. Dies entspricht dem Stil der vom kalifornischen Autokult beeinflussten futuristischen Googie-Architektur.

1994 gewinnt *Pulp Fiction* die Goldene Palme bei den Filmfestspielen in Cannes, wird für sieben Oscars nominiert und erhält immerhin einen für das beste Drehbuch. Die Reaktionen sind insgesamt euphorisch. Die populären Filmkritiker Gene Siskel und Roger Ebert finden den Film übereinstimmend erfrischend und originell. Sie entgegnen den Vorwürfen der Gewalttätigkeit, dass die körperlichen Verletzungen meist nur angedeutet und nicht gezeigt werden. Gleichwohl schockieren einzelne Szenen. Bei der Premiere von *Pulp Fiction* auf dem New Yorker Filmfestival fällt jemand aus dem Publikum an der Stelle in Ohnmacht, als Vincent Mia die Adrenalin-Spritze ins Herz sticht, so dass die Vorführung unterbrochen werden muss. Kontrovers diskutiert wurde außerdem der häufige Gebrauch des politisch unkorrekten Worts „nigger", der aus Tarantinos eigener Sicht nicht abschätzig, sondern für das Los Angeles seiner Jugendzeit üblich sei.[1] Kommerziell ist der Film ebenso erfolgreich wie bei den Kritikern; er spielt weltweit insgesamt über 200 Millionen Dollar ein und wird zum Kultfilm.

III. Inhaltliche Analyse

Einige Verständnisprobleme, die der Film verursacht hat, sind auf die nicht-lineare Erzählweise zurückzuführen. Manch einer mag sich gewundert haben, dass der erschossene Vincent plötzlich wieder auftaucht. Nun sind Rückblenden einerseits nichts Ungewöhnliches in einem Film: Jemand stirbt im Verlauf der Handlung und es wird danach gezeigt, was er zuvor erlebt hat. Die Episoden werden aber zumeist nicht als Rückwendungen gekennzeichnet und sind daher beim ersten Rezipieren des Films in ihrer Chronologie nicht sofort ersichtlich.

Chronologie des Filmverlaufs:	Rekonstruierte Chronologie der erzählten Geschichte:
1. Coffeeshop (Pumpkin & Jolanda)	1. Butch als Kind
2. Koffer	2. Koffer
3. Nachtclub	3. Fortsetzung Koffer (*The Bonnie Situation*)
4. *Vincent Vega and Marsellus Wallace's Wife*	4. Coffeeshop (Pumpkin & Jolanda)
5. Butch als Kind	5. Fortsetzung Coffeeshop (mit Vincent & Jules)
6. *The Gold Watch*	6. Nachtclub
7. Fortsetzung Koffer (*The Bonnie Situation*)	7. *Vincent Vega and Marsellus Wallace's Wife*
8. Fortsetzung Coffeeshop (mit Vincent & Jules)	8. *The Gold Watch*

Der zur Gold-Watch-Episode gehörige Abschnitt, in dem Butch als Kind gezeigt wird, wie ihm von Captain Koons die goldene Uhr überreicht wird, ist im Unterschied zu den anderen Erzählabschnitten eindeutig als Rückblende zu erkennen und liegt der Basiserzählung weit voraus. Die übrigen sieben Abschnitte lassen sich zeitlich aneinanderfügen als ein Geschehen, das an vier Tagen spielt. Die Begebenheiten mit dem Koffer, dem Coffeeshop und dem Nachtclub bilden den ersten Tag, Vincents Begegnung mit Mia den zweiten und Butchs Kampf beziehungsweise Flucht den dritten und vierten. Es gibt nur geringe zeitliche Überschneidungen: So wird ein Abschnitt der Coffeeshop-Szene am Ende noch einmal aus anderer Perspektive gezeigt, während Vincents und Jules' Anwesenheit in der Eröffnungsszene nicht wahrgenommen wird, weil der Fokus auf dem Liebespaar liegt. Die beiden sind nur kurz im Hintergrund einer Einstellung von hinten zu sehen. Ähnliches gilt für die Fortsetzung der Kofferepisode aus der Perspektive des im Badezimmer versteckten vierten Mannes. Durch die Zwischentitel gliedert der Film seine nicht-linear montierten Episoden thematisch, wie bereits erwähnt, in drei Handlungsstränge: „The Bonnie Situation", „Vincent Vega and Marsellus Wallace's Wife" und „The Gold Watch". Ursprünglich existierten die drei Geschichten unabhängig voneinander. Es war Tarantinos Idee, eine Kurzfilm-Kompilation mit *crime short stories* zu drehen; schließlich hat er die Geschichten miteinander verbunden und damit altbekannte Muster auf neue Weise zusammengestrickt. Das Muster von „The Bonnie Situation" habe man schon unzählige Male gesehen, so Tarantino: Ein paar Typen kreuzen auf, knallen jemanden ab und dann wird der Filmtitel eingeblendet.[2] Auch der Boxer, der bestochen wird, den Kampf zu verlieren, und das Ausführen der Frau des Bosses sind häufig wiederkehrende Motive, die von Tarantino jedoch sowohl neu zusammengefügt als auch in der Art der Darstellung stark abgewandelt werden.

Welche Funktionen haben nun diese für Tarantino typischen Erzählweisen hier in *Pulp Fiction*? Sie begründen insgesamt vor allem die Komik, die Spannung und das Spielerische seiner Filme. In *Pulp Fiction* bewirkt die Umstellung der Ereignis-Reihenfolge zudem paradoxerweise eine Vereinheitlichung der drei fragmentierten Teile, denn Anfang und Ende werden von der Coffeeshop-Episode eingerahmt. Inhaltlich stellt dies zwar keine Kreisform oder Einheit dar, weil diese Episode dem Film keinen roten Faden gibt und zudem chronologisch in der Mitte des Handlungsverlaufs zu verorten ist. Außerdem verschiebt der Perspektivenwechsel von dem einen Gangsterpärchen zu dem anderen die Orientierung im Hinblick darauf, wer die Hauptfiguren sind. Gleichwohl wird durch diese Rahmung eine audiovisuelle Einheit etabliert. Und die Aufspaltung der Koffergeschichte (siehe chronologische Übersicht) führt innerhalb dieser Rahmung zu einer Verflechtung der Geschichten, die ansonsten nur lose zusammenhingen und hintereinander abgespielt würden: Butchs Geschichte wäre dann nur ein abgesondertes Anhängsel. Tarantino gelingt es also, seine drei Teile durch die Hauptfiguren, vor allem aber durch die Montage audiovisuell zu verknüpfen. Dies ist die wesentliche Funktion der verschachtelten Erzählabfolge. Hinzu kommt eine metafiktionale: Die Konstruiertheit des Films, die künstlerische Freiheit beziehungsweise spielerische Willkür des Regisseurs wird auf diese Weise auffällig. Die Gattung der Schundliteratur, auf die der Titel *Pulp Fiction* anspielt, ist eine, hinter die ein Autor oder Filmemacher vollständig zurücktritt; Tarantinos dekonstruktives Spiel mit den verschiedenen *pulp*-Elementen macht *Pulp Fiction* hingegen zu dem Gegenteil von *pulp*: zu einem ästhetisch originellen Film, der das Handwerk des Regisseurs betont.

Die Brüche mit der Erwartung, durch die Tarantino seine Komik erzeugt, sind sowohl auf der Ebene der Figurencharakterisierung als auch auf der Ebene der Handlung auszumachen. Dabei ist besonders die Charakterdekonstruktion Vincents und Jules' hervorzuheben. Zuerst werden sie als coole Profikiller in stilvollen schwarzen Anzügen eingeführt. Dies wird jedoch durch die Banalität der Dialoge kontrastiert. Zunehmend treten sodann die Ungeschicklichkeit Vincents und die religiöse Reflektiertheit Jules' hervor. Vincent tötet versehentlich Marvin und wird von Butch auf dessen Toilette überrascht und erschossen. Jules tötet Brett im Apartment mit dem effektvollen hohen Pathos eines abgewandelten Hesekiel-Zitats, das mit den Worten „And you will know my name is the Lord when I lay my vengeance upon you" endet, und erklärt später im Coffeeshop, dass er der gute Hirte sein will.[3] Beides passt nicht zum Image der abgebrühten Killertypen. Schließlich sind es die billigen Shorts und lächerlichen T-Shirts, durch die der Nimbus der coolen Gangster auch visuell endgültig demontiert wird. Auf der Handlungsebene sind bestimmte Verlaufsmuster zu erkennen, die dann eine unerwartete Wendung bekommen. Dazu gehört nicht nur die spektakuläre Adrenalinspritzenszene, die das begonnene Handlungsmuster über einen Mann, der die Frau seines Bosses ausführen soll, sie aber nicht anrühren darf, durchkreuzt, sondern dazu gehören auch die ganz banalen Dinge: Vincent geht aufs Klo – und nur deshalb kann Mia das Heroin in seiner Jackentasche finden. Vincent geht aufs Klo – und nur deshalb kann Butch ihn überwältigen, als er in seine Wohnung zurückkehrt. Die Komik speist sich natürlich auch aus den Dialogen, etwa wenn Mia antwortet: „That's a little bit more information than I needed", als Vincent „I'm gonna take a piss" sagt. Auch Situationskomik ist hier gegeben, etwa wenn Butch nach einigem Zögern nur deshalb auf Vincent zu schießen beginnt, weil die geräuschvoll hochspringenden Pop-Tarts im Toaster ihn erschrecken. Dennoch liegt die Komik bereits in dem Erwartungsbruch auf der Ebene der Handlungskonstruktion. Das Zufällige und Banale des normalen Lebens bricht in das für das Gangster-Genre typische Erzählschema ein. Zwar geraten dadurch auch Gewalt und Komik in eine irritierende Nähe. Diese Nähe ist jedoch mit der Kategorie der „Tragikomik"

(Werner Barg)⁴ nicht treffend erfasst. Denn tragisch sind Tarantinos Filme nicht: Die Komik triumphiert und die zumeist nur indirekt dargestellte Gewalt wird in ihrer Grausamkeit und möglichen Tragik ausgeblendet.

Auch moralische Wandlungen zum Guten und die Bestrafung der Bösen sucht man in *Pulp Fiction* vergeblich. Jim Smith glaubt, dass Jules und Butch in einem religiösen Sinne erlöst werden, während Vincent bestraft wird, weil er Jules' Beispiel nicht folgt und seine Chance auf Erlösung nicht wahrnimmt. Er nennt *Pulp Fiction* entsprechend „a very straightfowardly moral (even moralising) piece".⁵ Vorherrschend ist aber nicht die Moral, sondern die sie unterlaufende Komik. Jules' Erweckung wird von Vincent ins Komische gezogen: „All right, it was a miracle. Can we go now?" Vincent hat hier die Pointe und die Lacher auf seiner Seite. Er ist nicht das schwarze Schaf, das moralisch gescheitert ist. Sein Tod wird daher auch nicht als poetische Gerechtigkeit inszeniert, sondern als dummer Zufall.

IV. Audiovisuelle Analyse

Pulp Fiction werden moralische Entgleisungen wie Gewalt- und Drogenverherrlichung vorgeworfen. Dagegen ist einzuwenden, dass sich der Film in der Art der audiovisuellen Darstellung von den zahlreichen Actionfilmen unterscheidet, in denen Gewalttaten schematisch die Stärke einer Figur konstituieren. Die Gewaltsequenzen im Pfandleihhaus beispielsweise sind durch bildliche Auslassungen gekennzeichnet: Marcellus' Vergewaltigung findet nur auf der Tonebene statt und bei Butchs Abrechnung mit Maynard steht das Samurai-Schwert im Fokus, während das Versehren des Körpers visuell größtenteils ausgespart wird. Hinzu kommt, dass die moralische Ordnung von Gut und Böse nicht klischeehaft präsentiert wird, sondern zu denken gibt, wenn Polizist Zed der größte Schurke von allen ist, während in der Unterwelt moralische Werte zu existieren scheinen: Butch und Marsellus einigen sich am Ende trotz ihrer Feindschaft und Jules verzichtet darauf, das Gangsterpaar im Coffeeshop zu töten. Dadurch wird der Film zwar nicht zu einem Moralstück, aber er vermeidet auf diese Weise Stereotype der Gewaltverherrlichung. Die Darstellung des Drogenkonsums ist ambivalent und daher ebenso wenig einseitig ästhetisierend oder einseitig moralisierend. Auf der einen Seite wird Vincents Heroineinnahme in fotografisch schönen Detailaufnahmen des zündenden Feuerzeugs und des Spritzesetzens, abwechselnd mit Einstellungen der nächtlichen Autofahrt und Großaufnahmen von Vincent, gezeigt: Dessen glücklich berauschter Gesichtsausdruck wird von dem lässigen Song *Bullwinkle, Part II* von The Centurions untermalt, der ein entsprechendes Chill-out-Gefühl bekundet. Auf der anderen Seite hat Mias Verwechslung des Heroins mit Kokain einen Horrortrip zur Folge, bei dem sie körperlich kollabiert. Dies wird visuell ekelerregend in Szene gesetzt: Großaufnahmen zeigen unbeschönigt, wie Blut aus der Nase und weißer Schleim aus dem Mund laufen, während die Augen trüb sind und die Haare im verschwitzten Gesicht kleben.

Tarantino arbeitet häufig mit visuellen Auslassungen, nicht nur in Gewaltszenen. So wird der Boxkampf allein auf der Tonspur (Radiokommentar) präsentiert. Der getötete Boxgegner erscheint nur auf der sprachlichen Ebene in der Faszination der Taxifahrerin. Viele Auslassungen haben ökonomische oder dramaturgische Gründe, manche dienen aber auch der Mystifikation der Figuren: So wird der große Boss Marsellus lange gar nicht gezeigt und dann zunächst nur in geheimnisvoller und Achtung gebietender Großaufnahme von hinten. Deutlich von vorn zu sehen ist er erst auf der Straße, als er buchstäblich seine Unantastbarkeit verliert, indem er von Boxer Butch absichtlich mit dem Auto angefahren wird. Auch Marsellus' Frau Mia wird ohne Gesicht eingeführt: Sie ist von hinten an der Sprechanlage zu sehen, über die sie mit Vincent kommuniziert. Die Aura des Mysteriösen, von der Marsellus und seine Frau anfangs umgeben sind, schließt auch das Geheimnis des Koffers ein, über dessen Inhalt der Zuschauer nicht aufgeklärt wird.

Die filmhistorischen Vorbilder für den Stil von *Pulp Fiction* sind laut Tarantino nicht beim Film noir zu suchen[6]; er verweist dagegen auf das Action- und Italo-Western-Genre. Letzteres ist auf der Ebene der *mise en scène* vor allem im sogenannten *Mexican standoff* auszumachen, einer Spannung erzeugenden Figurenaufstellung, in der mehrere Gegner die Waffe auf einen anderen richten und niemand zu schießen wagt. Diese Pattsituation findet sich beispiels-

Abb. 6

weise auch in *Reservoir Dogs* oder *Inglourious Basterds*. In *Pulp Fiction* richtet Vincent die Waffe auf Jolanda, diese ihre auf Jules und der seine auf Pumpkin (siehe Abbildung 6). Der Konflikt wird von Jules friedlich gelöst, weil dieser von nun an der gute Hirte sein will.

Auf der Bildebene gibt es einige Auffälligkeiten. Die Farben sind übertrieben kräftig: „The colors are so bright they jump right out at you!", sagt Tarantino zufrieden.[7] Er weiß solche visuellen Effekte aber auch zurückzunehmen, wenn anderes wichtiger ist, wie beispielsweise der Dialog zwischen Vincent und Mia, während dessen das Jack-Rabbit-Slim's-Set zeitweise nicht zu sehen ist. Weiterhin auffällig ist, dass Tarantino hier mit Schrifttafeln arbeitet: Zu Beginn des Films liefert er eine Erklärung des Titels „Pulp Fiction" und später werden die Episodentitel eingeblendet. Es gibt zumeist einen kleinen Vorspann, in dem die jeweilige Episode bereits beginnt, dann folgt die Schrifttafel und schließlich wird die Geschichte zu Ende erzählt – oder im spannendsten Moment unterbrochen: So ein Cliffhanger ist der Schnitt zu Beginn, als Pumpkin und Jolanda den Überfall beginnen und der Film mit einer neuen Episode sozusagen zum zweiten Mal beginnt. Eine Auffälligkeit auf der Bildebene ist das Viereck, das Mia mit den Fingern in die Luft zeichnet: Sie zeigt Vincent damit an, er solle kein „square" (Langweiler) sein, und Tarantino lässt das Viereck als gepunktete Linie auf dem Bildschirm sichtbar erscheinen. Hier wird in einem für Tarantino typischen Spiel mit der Metafiktionalität auf den Akt des Filmemachens verwiesen.

Der Soundtrack zu *Pulp Fiction* kann größtenteils dem Stil der *surf music* der 60er Jahre zugeordnet werden. Tarantino sagt über die Wahl dieser Musik: „I'm using surf music as the basic score – from the '60s […]. To me, surf music just seems like rock'n'roll Ennio Morricone music, rock'n'roll spaghetti Western music […]." Ein Lied hebt er besonders hervor: „The big song, the one that is so fucking vivid, is Urge Overkill's version of Neil Diamond's *Girl, You'll Be a Woman Soon*, which is what the boss's wife Mia is dancing to […]."[8] Offensichtlich geht es Tarantino vor allem um die Stimmung sowie um die musikalischen beziehungsweise filmhistorischen Assoziationen, die sein Soundtrack auslöst, aber zuweilen auch um einen Kommentar zur Szene. Das Thema des Songs, in dem einem Mädchen angekündigt wird, dass sie bald eine Frau werde, ist ein ironischer Subtext der Szene, in der Vincent im Badezimmer verschwindet, um sich daran zu erinnern, dass er keinen Sex mit der Frau seines Bosses haben darf.

V. Szenenanalyse

Pulp Fiction hat vor allem aufgrund der Gewaltszenen einige Kritik auf sich gezogen. Dass gerade solche Abschnitte wegen ihrer überraschenden Kontextualisierung und ihrer überzogenen Darstellungsweise zugleich komisch sein können, ist dabei besonders charakteristisch für Tarantino. Die im Folgenden näher zu untersuchende Szene, in der Vincent Marvin erschießt, ist bei der Ausstrahlung im öffentlichen Fernsehen vom Sender WB Network aufgrund der angeblichen Gewaltdarstellung zensiert worden.

Nach dem Überfall im Apartment fahren Vincent und Jules mit Marvin im Chevy und diskutieren über Jules' Bekehrungserlebnis. Vincent dreht sich zu Marvin um, der auf der Rückbank sitzt, und fragt ihn freundlich, ob er auch glaube, dass Gott vom Himmel gekommen sei, um Jules vor den Pistolenschüssen aus dem Hinterhalt zu schützen. Mitten im Satz ist ein lauter Knall zu hören und das Auto ist voller Blut. „What the fuck's happening?", schimpft Jules, und Vincent antwortet erschrocken: „Oh, man, I shot Marvin in the face." Als Entschuldigung behauptet er, Jules sei vielleicht über einen Huckel gefahren.[9] Warum kann diese Szene komisch wirken, in der doch ein Mann getötet wird? Marvin wird

Abb. 7

nach dem Schuss nicht gezeigt (nicht einmal im Rückspiegel), stattdessen nur extrem viel Blut auf der Heckscheibe und den schwarzen Anzügen, wodurch die Szene irreal wirkt. Außerdem liegt das ganze Augenmerk darauf, dass Jules sich über die Sauerei in seinem Auto aufregt und mit Vincent streitet, dessen blutverschmiertes Gesicht im Hintergrund nur unscharf zu sehen ist (siehe Abbildung 7). Marvin ist dem Zuschauer unbekannt und er wird weder leidend noch tot gezeigt, so dass kein Mitleid mit ihm aufkommen kann. Ursprünglich war vorgesehen, Marvin an einem Schuss in den Hals leiden zu lassen, so steht es im Drehbuch, aber mit dem dadurch beim Zuschauer provozierten Mitleid wäre die Komik gänzlich ruiniert gewesen. Stattdessen lässt Tarantino einen künstlichen Kopf mit Haferbrei und Kunstblut explodieren, um die Situation unrealistischer und comicartiger zu machen. Travolta hat im Verlauf der Dreharbeiten dazu beigetragen, die Szene wie einen versehentlichen Unfall aussehen zu lassen: „[…] like I had just stepped on his toe".[10] Da Vincent so freundlich und respektvoll mit Marvin umgeht, wirkt der Schuss überraschend und komisch, nicht brutal und kaltblütig. Audiovisuell wird keine Gewalt präsentiert. Die Kamera zeigt zunächst den arglos plaudernden Vincent in Nahaufnahme, sodann ultrakurz die rote Heckscheibe (während der Schuss ertönt), interessiert sich im Folgenden aber nur für die beiden laut fluchenden und übertrieben blutbeschmierten Gangster. Es gibt also nicht nur keine Einstellung auf den erschossenen Marvin, sondern überhaupt keine Schnitte oder dramatische Musik oder sonstige audiovisuelle Veränderungen, die den Fokus auf den Tötungsakt legen. Dieser erscheint lediglich als ein Missgeschick im Arbeitsalltag. Solcherart spielerische Vermischung von Beiläufigkeit und Gewalt zeichnet Tarantinos Komik aus.

Jackie Brown (1997)

I. Handlung

Nach *Pulp Fiction* stellt Tarantino sich einer besonderen Herausforderung und realisiert mit *Jackie Brown* seine bislang einzige Romanverfilmung. Grundlage für den Film ist *Rum Punch* (1992) von Elmore Leonard, dessen Hauptfigur den Namen Jackie Burke trägt. Tarantino nennt sie Jackie Brown, eine von der Schauspielerin Pam Grier inspirierte Figur, denn diese spielt die Hauptrolle in Jack Hills Blaxploitation-Film *Foxy Brown* (1974). Die Anspielung ist auch an dem sehr ähnlichen Schrifttyp mit geschwungenen Ober- und Unterlängen zu erkennen, den Tarantino für das Filmplakat gewählt hat. Damit wird seine Leonard-Adaption zugleich zu einem Grier-Film, allerdings nicht im üblichen Blaxploitation-Stil.

Jackie Brown spielt 1995 in Los Angeles und handelt von der 44-jährigen Stewardess Jacqueline Brown, die beruflich für eine mexikanische Airline und nebenher für den Waffenschmuggler Ordell Robbie als Geldkurier tätig ist. Dieser beauftragt den Kautionsagenten Max Cherry damit, einen seiner Mitarbeiter, Beaumont Livingston, der gerade ins Gefängnis gekommen ist und somit seinen Auftraggeber möglicherweise verpfeifen könnte, freizukaufen, damit er ihn erschießen kann.

Da Beaumont aber, bevor er getötet wird, bereits einen Teil seines Wissens preisgegeben hat, wird Jackie am Flughafen wegen Schwarzgeld und Kokain im Gepäck festgenommen. Sie schlägt das Angebot, mit der Polizei zu kooperieren, zunächst aus und muss wegen illegalen Drogenhandels ins Gefängnis. Ordell plant erneut eine Freilassung auf Kaution mit anschließendem Mord. Max holt Jackie jedoch vom Gefängnis ab und warnt sie. Daraufhin entwendet sie seinen Revolver, mit dessen Hilfe sie Ordell, als er sie töten will, zu einem Handel nötigt: Sie werde der Polizei nur scheinbar helfen, in Wirklichkeit aber eine halbe Million Dollar für Ordell von Mexiko nach Los Angeles schmuggeln. Ordell bezieht weitere Helfer in den Plan ein, während Jackie heimlich mit

68 *Jackie Brown*

Max' Hilfe sowohl Ordell als auch die Polizei hinters Licht führt, um das Geld selbst einzukassieren. Nach der Geldübergabe in einem Einkaufskomplex wird Ordell von einem der Polizisten erschossen und Jackie kann mit einer knappen halben Million Dollar nach Spanien ausreisen, weil sie der Polizei einen Schmuggel-Betrag von nur 50 000 Dollar genannt hat.

II. Produktion und Rezeption

Jackie Brown wird im Sommer 1997 in Los Angeles gedreht, etwa ein Jahr nach Beginn der Arbeit am Drehbuch, und zwar teilweise am Flughafen LAX, größtenteils jedoch in der Gegend von South Bay. Die Drehzeit beträgt etwa zehn Wochen. Weihnachten 1997 hat der Film in den USA Premiere. Die Kosten belaufen sich auf zwölf Millionen Dollar. Die Idee, einen Roman von Elmore Leonard zu verfilmen, besteht schon lange vor der Drehzeit: „I had always wanted to do an Elmore Leonard novel (he was the first novelist I read as a kid that really spoke to me) and it was a question of trying to find the right one."[1] Tarantino hat mehrere Romane von Leonard im Auge (beispielsweise *Freaky Deaky* und *Killshot*), entscheidet sich dann aber für *Rum Punch*, nachdem er ihn noch einmal gelesen hat. Leonard gibt ihm freie Hand, seinen eigenen Film daraus zu machen.[2] Tarantino hält sich im Wesentlichen an die Vorlage, lässt aber einige Nebenhandlungen aus und verlagert den Schauplatz von Florida nach Kalifornien, wo er sich besser auskennt. Außerdem entscheidet er sich mit der Besetzung Jackies durch Pam Grier dafür, aus der weißen Hauptfigur Jackie Burke die Afro-Amerikanerin Jackie Brown zu machen. Der Name wird zum Titel gewählt, wodurch der Fokus auf die Figur Jackie verschoben wird, während er bei Leonard durch den Titel *Rum Punch* auf dem Handel zwischen Ordell und den Kolumbianern liegt. Jackie taucht im Roman erst im vierten Kapitel auf. Da Tarantino großen Wert auf die Geschichte und deren Charaktere legt, verzichtet er auf einige Schießereien, die sich im Roman ereignen. Allerdings kürzt er auch die Ehe- beziehungsweise Scheidungsgeschichte von Max Cherry heraus. Dessen Charakter erscheint im

Film relativ flach und undurchsichtig dadurch, dass so wenig über ihn verraten wird.

Wie es für Tarantino üblich ist, enthält auch *Jackie Brown* zahlreiche Verweise auf andere Filme. Dazu gehört das Blaxploitation-Genre, also Low-Budget-Filme mit Gangstern, Sex und Gewalt, gespielt von afroamerikanischen Darstellern. Pam Grier hat vor *Foxy Brown* in *Coffy* (1973), ebenfalls unter der Regie von Jack Hill, mitgespielt und Tarantino wählt für den Soundtrack von *Jackie Brown* Stücke von Roy Ayers, dessen Musik auch für den Score von *Coffy* verwendet wurde. Anfang und Ende unterlegt Tarantino mit einem Song, der 1972 in einem Film von Barry Shear titelgebend war: *Across 110th Street* von Bobby Womack (1972). Es gibt noch viele weitere Verweise auf andere Filme, wie die Anfangsszene mit dem Flughafenlaufband, die an die Eröffnung von Mike Nichols' Film *The Graduate* (1967) angelehnt ist, oder der Film im Film, *Chicks Who Love Guns*, der die nackten Frauen mit Maschinengewehren aus Enzo Castellaris *Quel maledetto treno blindato* (*The Inglorious Bastards*, 1978) zitiert. Die Bezüge zwischen den Filmen haben zumeist keine maßgebliche Bedeutung für das Verständnis der Filmhandlung, sie prägen jedoch ein Stück weit die Stimmung und den Stil. Vor allem aber zeigt sich hier das selbstreferenzielle Spiel mit Zitaten und interfilmischen Bezügen, wie es für Tarantinos Filmästhetik charakteristisch ist.

Die Reaktionen auf *Jackie Brown* sind nicht so euphorisch wie bei *Reservoir Dogs* und *Pulp Fiction*. Obwohl er weniger Gewaltdarstellungen enthält, bekommt der Film ebenfalls aufgrund der Drogen- und Tötungsszenen sowie der krassen Sprache (das Wort „nigger" wird, insbesondere von Ordell, inflationär gebraucht) ein R-Rating. Preise und Nominierungen fallen relativ gering aus. Unter den Nominierungen ist die Oscar-Nominierung für Robert Forster als bester Nebendarsteller wohl die bedeutendste, unter den Preisen der Silberne Bär, den Samuel Jackson auf dem Berliner Filmfestival 1998 erhält. Insgesamt ist die Kritik ambivalent. Viele Tarantino-Fans sind enttäuscht, weil *Jackie Brown* im Vergleich zu *Pulp Fiction* relativ konventionell ist, andere finden, dass Tarantinos Charakterdarstellung reifer und vielschichtiger geworden ist. Robert Fischer kritisiert die Länge und Langatmigkeit des Films; die filmisch originelleren Verfahren wie der *split screen* an einer Stelle und die Wiederholungen der Geldübergabe aus verschiedenen Perspektiven wirkten zudem dramaturgisch unmotiviert und daher wie eine „ermüdende formale Übung".³ Der berühmte Filmkritiker der *Chicago Sun-Times*, Roger Ebert, ist hingegen begeistert von dem ruhigen Tempo und den Charakterporträts, die der Film bietet. Ihm zufolge beweist *Jackie Brown*, dass Tarantino nicht nur ein „two-film wonder boy" ist, sondern auch Filme in einem anderen Stil machen, lebendige, authentische Charaktere hervorbringen und dabei obendrein einer Romanvorlage gerecht werden kann.⁴

III. Inhaltliche Analyse

Der Film wird wie ein reifes Spätwerk besprochen, so als habe Tarantino nun gezeigt, dass er auch Anspruchsvolles produzieren kann. Tarantino leistet solchen Beurteilungen Vorschub, indem er selber von einer Charakterstudie spricht: Es gehe ihm darum, die Charaktere in aller Ruhe einzuführen.⁵ Richtig ist, dass der Film sich dafür viel Zeit nimmt und dies auf Kosten von Handlungssträngen tut, die im Roman für rasante Action sorgen (etwa der Überfall auf Big Guys Landhaus). Daraus folgt aber nicht, dass der Film reifere Emotionen zeigt und tiefere Charakterporträts bietet als die anderen Filme Tarantinos. In der ersten Hälfte des Films wird die Figurenkonstellation mit langatmigen Monologen Ordells über die im Fernsehen zu sehenden Waffen dargestellt, während die Handlung nur schleppend in die Gänge kommt. Man hängt mit den Figuren auf dem Sofa herum und sieht ihnen beim Fernsehen, Trinken, Rauchen und Reden zu – so will es Tarantino. Dabei wird Ordell als großspuriger und frauenfeindlicher Krimineller charakterisiert, vor allem aber wird die Alltäglichkeit dieser Figuren ausgestellt, insbesondere in der beiläufigen Sex-Szene mit Louis und Melanie. Die ganze Sequenz in Ordells Apartment beginnt mit einem Film im Film, während die Figuren über die Waffen in dem Film reden: Sie ist also keine psychologisch tiefsinnige Charakterstudie, sondern eine typische Tarantino-Sequenz, weil sie ein selbstreferenzielles Element mit einem banalen Dialog paart. Mit der Hauptfigur Jackie Brown verhält es sich ein wenig anders. Sowohl im Vorspann als auch am Filmende wird Jackie einige Minuten lang gezeigt, obwohl sie fast nichts tut. Bobby Womacks Song *Across 110th Street* läuft gleichzeitig, rahmt somit die Filmhandlung und kreiert zudem die leicht wehmütige, aber dennoch lässige Stimmung, in der Jackie wahrgenommen wird. Sie erscheint vom frisierten Kopf bis zu den hohen Absätzen professionell und sexy, wie sie sich in ihrem leuchtend blauen Stewardess-Aufzug durch den Flughafen bewegt. Indessen muss sie sich beeilen, um rechtzeitig zu einer schlecht bezahlten Arbeit zu erscheinen, bei der sie anderen zu Diensten ist. So wird sie eingeführt und ähnlich ambivalent ist das Ende: Jackie ist einerseits der große Coup gelungen, andererseits begleitet ihr Geliebter sie nicht nach Spanien. Diese Ambivalenzen machen sie zu einer realistischen Figur. Es gelingt ihr zu schmuggeln, aber dann wird sie doch erwischt. Sie verweigert sich der Kooperation mit der Polizei, dann kooperiert sie doch, zumindest scheinbar. Sie ist attraktiv, aber schon etwas in die Jahre gekommen. Sie wird von Max geliebt, aber er entscheidet sich am Ende gegen sie. Die Charakterdarstellung Jackie Browns unterscheidet sich von anderen Charakteren Tarantinos nicht durch psychologische Tiefe, aber durch ernstere und realistischere Merkmale. In den Dialogen erscheint Jackie nachdenklich, weil sie Max gegenüber ihr Älterwerden reflektiert und ihre Angst vor dem Gefängnis und der Zeit danach erwähnt. Solche Dialoge drücken eine Verletzlichkeit, eine ernstere, sensiblere Stimmung aus und sind weniger banal, zudem weniger parodistisch als viele typische Tarantino-Dialoge. Aber es ist weder so, dass hier ein Charakter in einer komplexen Entwicklung psychologisch beleuchtet wird, noch so, dass eine unbesiegbare Killerin in Szene gesetzt wird wie in den *Kill Bill*-Filmen. Dies wird zwar dadurch suggeriert, dass Jackie Brown auf den meisten Kinoplakaten mit einer auf den Betrachter gerichteten Waffe zu sehen ist. Dieses Motiv entstammt jedoch einer eher komischen Szene, in der Jackie in Max Cherrys Büro auf Ordell wartet und ziemlich nervös und unbeholfen übt, zur Selbstverteidigung die Waffe zu ziehen (siehe Abbildung 8). Jackie gehört also nicht in die Kategorie der glorifizierten Superheldinnen, die mit Zauberwaffe im Alleingang ihren Feind bekämpfen. Im Gegenteil, sie zieht Max ins Vertrauen, bittet ihn um Hilfe und besitzt keine Waffe. Auch die Anlehnung an das Blaxploitation-Genre ist daher letztlich nur eine Vorspiegelung, zumindest ist sie wesentlich geringer, als es durch die Besetzung Pam Griers erscheinen mag. Überdies hat die Schauspielerin hier

Abb. 8

im Unterschied etwa zu den bereits erwähnten Filmen *Coffy* und *Foxy Brown* weder Kampf- noch Sexszenen.

Auch während der Geldübergabe zeigt Jackie sich nicht abgebrüht und routiniert. Der Blick in den Spiegel symbolisiert ihre Nachdenklichkeit, als sie sich in der Umkleide in ihrem neuen schwarzen Anzug für einige Sekunden betrachtet. Hinzu kommen ihre Hektik und Nervosität. Sie schaut mehrmals um sich, es kommt zu mehrfachen schwindelerregenden Kamera-Kreisfahrten um Jackie und die Musik unterstreicht diese chaotische Gemütsverfassung mit nervendem Bass, heftiger Percussion und flatterigen Bläsern. (Es handelt sich dabei um Roy Ayers' *Escape* vom Soundtrack zu *Coffy*.) Die Panik, mit der sie dann nach Ray ruft, um Melanie zu beschuldigen und so zu tun, als sei der Plan schief gegangen, ist freilich vorgespielt.

Die Geldübergabe ist strukturell auffällig in dem ansonsten nahezu linear erzählten Film, denn sie wird einmal circa zehn Minuten lang aus Jackies Perspektive gezeigt und dann um Louis' und Max' Sichtweise (jeweils circa fünf Minuten) ergänzt, wodurch es zu Überlappungen beziehungsweise Wiederholungen einiger Geschehensabschnitte kommt. Zeiteinblendungen geben dabei Orientierung und erzeugen Spannung. Die Funktion dieses Perspektivenwechsels besteht zum einen darin, Informationen aus der Sicht der anderen zu ergänzen: dass die Tüte für Melanie teilweise mit Büchern statt mit Geldbündeln gefüllt ist, stellt sich nur in Jackies Perspektive dar; dass Louis Melanie erschießt, nur in Louis' Perspektive, und wo das Geld bleibt, allein in Max' Perspektive. Zuletzt kommt Ordells Perspektive hinzu, aber diese ist lediglich auf einen späteren Geschehensabschnitt bezogen, in dem Louis von ihm erschossen wird. Es geht hier aber nicht wie bei Akira Kurosawas *Rashômon* (1950) darum, eine Tat aus verschiedenen Blickwinkeln zu zeigen, um die Subjektivität der Wahrnehmung und die Fraglichkeit von Objektivität zu demonstrieren. Zwar wird die Aufmerksamkeit der Zuschauer darauf gelenkt, Unterschiede in den Perspektiven zu entdecken und die Puzzleteile zusammenzusetzen – dadurch wird Spannung erzeugt. Zu Abweichungen kommt es in den Versionen jedoch nicht. Die Hauptfunktion dieser perspektivischen Wiederholung ist es, der Episode mehr Gewicht zu geben. Sie rückt dadurch architektonisch ins Zentrum der Handlung.

IV. Audiovisuelle Analyse

Der Film zeigt relativ wenig Gewalt. Es gibt insgesamt vier Tötungsszenen. Diese werden ähnlich wie der Schuss auf Marvin in *Pulp Fiction* ohne viel Blutvergießen und Leiden, dafür stellenweise mit Komik dargestellt. Zuerst wird Beaumont Livingston von Ordell getötet, weil dieser befürchtet, jener könne ihn bei der Polizei verraten. Routiniert zieht sich Ordell im Auto schwarze Handschuhe an, nimmt eine Pistole aus dem Handschuhfach, fährt mit Beaumont im Kofferraum einen Block weiter und parkt „in the middle of some urban nowhere", wie es im Drehbuch heißt.[6] Es ist Nacht und das Auto verdunkelt sich, als Ordell anhält. In der Totalen ist kaum etwas zu erkennen. Die Autotür geht auf, dann der Kofferraum, dann wird beides wieder geschlossen und das Auto fährt weg. Mehr geschieht auf visueller Ebene nicht. Dass Beaumont erschossen wird, wird nur auf der Tonebene deutlich: Ordell hört heiter-groovige Funk-Musik (*Strawberry Letters 23* von The Brothers Johnson) im Auto; das Lied verstummt, als er den Wagen ausmacht und aussteigt; Beaumont fängt an zu schimpfen, als der Kofferraum geöffnet wird; zwei Schüsse fallen ihm ins Wort und als Ordell einsteigt und abfährt, spielt die Musik wieder, so als wäre nichts gewesen. Die Komik dieser Szene besteht darin, dass Beaumonts Flüche unerwartet plötzlich abgebrochen werden und Ordell das Töten so beiläufig erledigt, als hätte er nur kurz austreten müssen. Die relativ lange halbnahe Einstellung, bevor Ordell losfährt, baut eine Spannung auf, die ins Komische verkehrt wird, wenn mittels der Plansequenz deutlich wird, dass Ordell nur einmal um die Ecke fährt, kurz in den Kofferraum schießt und sofort weiterfährt.

Erst etwa anderthalb Stunden später kommt es zum zweiten Tötungsakt, welcher ebenfalls durch visuelle Aussparung und Komik gekennzeichnet ist. Louis erschießt Melanie auf dem Parkplatz nach der Geldübergabe, weil sie ihm auf die Nerven geht. Auch hier wird jemand mit zwei Schüssen buchstäblich zum Schweigen gebracht. Melanie hat Louis zuvor heftig verspottet, weil seine Orientierung im Einkaufskomplex und auf dem Parkplatz nicht die beste war. Als er die Provokationen während der Suche nach dem geparkten Auto nicht mehr erträgt, drückt er ab, aber nicht nur einmal, um sich von ihrem hämischen Sticheln und fiesen Grinsen zu befreien, sondern gleich zweimal, um sich abzureagieren. Melanie ist am rechten Bildrand nur teilweise und nur von hinten zu sehen, als der erste Schuss fällt. Beim zweiten Schuss ist nur Louis zu sehen. Es folgt auch danach keine Einstellung auf Melanie mehr. Die Komik in dieser Szene wird wie in der vorigen durch unerwartete Plötzlichkeit und Beiläufigkeit erzeugt; hinzu kommen hier die übertriebene Unverhältnismäßigkeit zwischen Vergehen und Strafe und der Umstand, dass Louis anschließend sofort sein Auto findet und zu der nicht mehr lebendigen Melanie sagt: „See, just where I fuckin' said it was!"

Ebenfalls von hinten zu sehen ist Louis, als er kurz darauf von Ordell im Auto erschossen wird. In dieser Szene ist zum ersten Mal Blut zu sehen, allerdings nur Spritzer auf der Innenraumverkleidung des Autos, keine direkten Verletzungen des Körpers. Obwohl sich der Schuss überraschend mitten im Streit löst und das Unerwartete zumeist Komik bewirkt, ist diese Szene nicht so komisch wie die vorigen Tötungsszenen, denn Louis lebt noch nach dem ersten Schuss, als Ordell bedauernd zu ihm sagt: „What the fuck happened to you, man? Shit, your ass use'ta be beautiful." Dann gibt er ihm einen Gnadenschuss und verschwindet mit der Geldtasche. Zum Schluss wird noch Ordell getötet, so dass beide Täter im Sinne der poetischen Gerechtigkeit zur Strecke gebracht werden. Dies ist ein Sonderfall, weil die Schüsse von der Polizei abgefeuert werden. Außerdem ist es Notwehr, weil Ordell bewaffnet ist. Wie ein gemeiner, bedrohlicher Verbrecher wirkt er jedoch nicht, als er Max' Büro betritt, in dem Jackie auf ihn wartet. Erheitert fragt er Jackie, warum sie im Dunkeln sitze, als im Bildhintergrund der Drogenfahnder Ray Nicolette erscheint und drei Schüsse auf ihn abfeuert. Ordell ist von hinten zu sehen, aber nur im Dunkeln. Als das Licht angeschaltet wird, sieht man die Leiche mit einer dünnen Blutspur auf der gelben Jacke am Boden liegen. Auch in einer später folgenden näheren Einstellung auf Gesicht und Oberkörper ist wenig Blut zu sehen, so dass insgesamt in diesem Film im Unterschied zum übrigen Œuvre Tarantinos die Gewaltdarstellung relativ harmlos ist. Jackie bedankt sich bei Ray dafür, dass er Ordell getötet hat, bevor dieser sie töten konnte. Die Dankesworte sind aus der technischen Perspektive Ordells in Untersicht gefilmt, womit verdeutlicht wird, dass Jackie sich dem bereits gestorbenen Ordell gegenüber moralisch mit Notwehr rechtfertigt.

Mit visuellen Auffälligkeiten spielt der Film insgesamt kaum. Ungewöhnlich ist am ehesten der Gebrauch des *split screen* an einer Stelle. Während in der linken Hälfte zu sehen ist, wie Max seine Waffe aus dem Handschuhfach holen möchte und erstaunt feststellt, dass sie entwendet wurde, zeigt die rechte Hälfte, wie Jackie im Dunkeln von Ordell bedrängt wird. Der *split screen* erzeugt hier Spannung und Komik zugleich: Spannung, weil der Zuschauer fürchten muss, dass Ordell Jackie tötet, so wie er zuvor Beaumont getötet hat, während Max nicht als möglicher Retter in ihrer Nähe ist; Komik, weil der Zuschauer beim Anblick des leeren Handschuhfachs weiß, dass Jackie die Waffe besitzt, so dass Ordells drohende Frage, ob Jackie Angst vor ihm habe oder nervös sei, ironisiert wird. Jackie beantwortet sie sodann, indem sie den Abzug zieht: ein Klicken ist zu hören und der Bildschirm ist wieder ungeteilt.

Das Sounddesign ist insgesamt relativ unauffällig. Auf auditiver Ebene steht die Musik im Vordergrund, die teilweise leitmotivisch, vor allem aber stimmungsgenerierend gebraucht wird. Häufig kommt sie intradiegetisch von einem Plattenspieler oder einem

Tapedeck im Auto. So ist beispielsweise Musik von The Delfonics zu hören, als Max bei Jackie zu Hause ist. Max kauft sich die Musik und hört sie fortan im Auto, wo sie in drei Szenen intradiegetisch eingespielt wird. Sie wird zum Signum für Max' Liebesgefühle. Jackie wird ferner von Rhythm-and-Blues-Musik begleitet. Auf ihrem Weg zur Mall ertönt *Street Life* von Randy Crawford. Hier ist auch wieder die Straße im Titel, wie am Anfang und Ende in *Across 110th Street*, womit nicht nur ein kultureller, sondern auch ein sozialer Hintergrund angedeutet wird. Insgesamt weist die audiovisuelle Darstellung von *Jackie Brown* relativ wenig Tarantino-Typisches auf, denn das Spiel mit der Selbstreferenzialität hält sich in Grenzen, ebenso die interfilmischen Verweise. Charakteristisch für einen Tarantino-Film sind am ehesten die langen, oft witzigen Dialoge sowie die beschriebene komische Gewaltdarstellung.

V. Szenenanalyse

Tarantino zufolge läuft der ganze Film auf die Schlussszene hinaus, auf die traurigen Blicke, die zwischen Jackie und Max ausgetauscht werden, und darauf, dass man wisse, was die beiden in diesen letzten Einstellungen fühlen.[7] Bevor diese Blicke in Großaufnahme zu sehen sind, beginnt die Szene jedoch mit distanzierteren Einstellungen. Max kommt von der Toilette, die Spülung ist noch zu hören. (Solche belustigenden Banalitäten lässt Tarantino nicht aus.) Er ist von weitem in einer Halbtotalen gefilmt, während Jackie im Gegenschuss, lässig in einem Sessel sitzend, mit gleicher Distanz aufgenommen wird. Sie trägt helle, freundliche Kleidung. Die Gangstergeschichten scheinen längst der Vergangenheit anzugehören, obwohl laut Schriftinsert nur drei Tage seit der Erschießung Ordells vergangen sind. Die Annäherung zwischen Jackie und Max geschieht sehr behutsam; entsprechend gehen die Kameraeinstellungen nur langsam von einer halbnahen in immer größere Einstellungen über. Die größte Nähe zwischen den Figuren ist ein in Großaufnahme dargestellter dezenter Kuss. Während in Elmore Leonards Roman eine sexuelle Beziehung zwischen Jackie und Max besteht, kontrastiert der Film die gelangweilte Sexszene zwischen Melanie und Louis mit der zarten Annäherung zwischen den Verliebten Jackie und Max, die am Ende doch nicht zusammen kommen. Eine für Tarantino untypische Melancholie beherrscht die Schlussszene. Jackie versucht Max sachte zu überreden, mit ihr nach Spanien zu fliegen. Er freut sich darüber, lehnt aber ab. Seinem Gesichtsausdruck ist abzulesen, dass er Jackie liebt und mit seinem Entschluss nicht glücklich ist. Der Abschiedskuss wird vom Klingeln des Telefons unterbrochen. Damit wird symbolisch unterstrichen, dass Max sich weiterhin um seine Geschäfte kümmern wird. Er nimmt ab und Jackie verabschiedet sich gestisch, während er weiterspricht. Erst als Jackie ihn nicht mehr sehen kann, beendet er abrupt das Telefonat, bittet um Rückruf und schaut tief betrübt, denn er ist angesichts des offenbar schmerzlichen Abschieds nicht in der Lage, dem normalen Geschäftsalltag zu folgen. Dann geschieht etwas Sinnbildliches: Während Max sein Büro wieder durch den Flur verlässt, durch den er gekommen ist, wird das Bild unscharf. Max gerät nicht eigentlich aus dem Blickfeld der Kamera, denn diese zeigt nichts als ihn. Sie zeigt also nichts anderes scharf, sie fixiert nur Max über mehrere Sekunden hin in voller Unschärfe. Dies visualisiert zum einen die Unschärfe in Max' Verhalten. Er agiert auf unverständliche Weise ambivalent, weil er trotz der offensichtlichen Neigung zu Jackie ohne handfeste Erklärungen ihr Angebot, mit ihr zu kommen, ablehnt. Zum anderen gerät er buchstäblich aus dem Fokus, bevor er ganz von der Bildfläche verschwindet und nur noch Jackie zu sehen ist, wie sie in Ordells Mercedes zum Flughafen fährt. Das Ende des Films ist eine Rahmung, die den Filmanfang aufgreift, an dem Jackie auf dem Weg zum Flugzeug war, unterlegt von Bobby Womacks Song *Across 110th Street*. Jackie ist lange in Großeinstellung zu sehen: Eine Mischung aus Traurigkeit wegen Max und Erleichterung angesichts des gelungenen Coups und des bevorstehenden Abflugs ist ihrem Gesicht abzulesen (siehe Abbildung 9). Die Musik kommt diesmal aus der erzählten Welt: Jackie hört sie im Auto und singt mit. Sie scheint die Aufbruchsstimmung, die sich in dem Lied ausdrückt, zu teilen. Allerdings beginnt das zugleich als *soundbridge* fungierende Lied bereits, als Max noch in Unschärfe zu sehen ist, und zwar mit einem „Uhhhh", das im Hinblick auf Max eher als ‚heulend' gedeutet werden kann. Die nicht-diegetische Musik geht also erst in dem Moment in eine diegetische Musik über, als Jackie mitzusingen beginnt.

Abb. 9

In dieser Schlussszene wird noch einmal deutlich, dass Jackie keine abgebrühte Gangsterin ist, wie es auf den Filmplakaten suggeriert wird, wenn sie mit Pistole zu sehen ist. Tarantino zeigt eine völlig andere Frau als die Pam Grier der Blaxploitation-Filme: nachdenklicher und verletzlicher. Außerdem ist der Film nicht nur ein Gangster-Film wie *Reservoir Dogs* und *Pulp Fiction*, sondern zugleich ein Liebesdrama.

Kill Bill: Vol. 1 (2003)

I. Handlung

Der Titel „Kill Bill" gibt zu verstehen, dass es in diesem Film darum geht, Bill zu töten, und dass eine Rechnung („bill") zu tilgen („kill") ist, denn darin liegt die Motivation für das Töten: Rache. Die von Uma Thurman gespielte „Bride" wird in schwangerem Zustand von ihrem ehemaligen Liebhaber Bill bei den Vorbereitungen zu ihrer Hochzeit in El Paso in den Kopf geschossen, weil sie sich von ihm und dem Killerkommando abgewandt hat, um ein normales Familienleben zu führen. Sie fällt ins Koma und wird im Krankenhaus beinahe von Elle Driver, der neuen Geliebten Bills, getötet, als dieser in letzter Sekunde seinen Mordauftrag telefonisch rückgängig macht. Vier Jahre später erwacht sie aus dem Koma und stellt fest, dass sie kein Kind mehr im Bauch trägt. Sie geht davon aus, dass es tot ist, und plant, sich an allen Personen zu rächen, die zu der Killerbande gehören, welche für das Massaker in der Kirche verantwortlich ist. Zuerst rächt sie sich aber an einem Vergewaltiger und dem Krankenpfleger, der sie während der Komajahre gegen Bezahlung zur Vergewaltigung freigegeben hat. Dann fliegt sie nach Okinawa, um sich von dem berühmten Schwertschmied Hattori Hanzō ein einzigartiges Schwert anfertigen zu lassen. Einen Monat später ist das Schwert fertig und die Braut fliegt nach Tokio, um ihre Feindin O-Ren Ishii zu töten, die von Dutzenden von Leibwächtern umgeben ist, welche im Kampf mit der Braut umkommen oder fliehen dürfen. Nachdem die Braut O-Ren getötet und die verwundete Dolmetscherin Sofie Fatale am Leben gelassen hat, damit diese Bill über die Rache informieren kann, kommt es zu einer Überraschung, die als Cliffhanger für *Kill Bill: Vol. 2* fungiert: Die Tochter der Braut lebt. Damit endet der Film, denn was darauf folgt, zeigt er bereits in seinem ersten Kapitel: Nachdem die Nummer eins der Todesliste erledigt ist, tötet die Braut die Nummer zwei, Vernita Green, in Kalifornien vor den Augen von deren Tochter.

II. Produktion und Rezeption

Zwischen *Jackie Brown* (1997) und dem ersten *Kill Bill*-Film liegen sechs Jahre. Der Drehbeginn muss wegen Uma Thurmans Schwangerschaft verschoben werden. Tarantino arbeitet in der Zeit zugleich schon seine Ideen zu *Inglourious Basterds* aus, der erst 2009 erscheinen wird. Die Pläne für *Kill Bill* wiederum entstehen bereits am Set von *Pulp Fiction*, denn Tarantino kommt hier die Idee, für Uma Thurman die Rolle einer Rächerin zu schreiben. Ein Jahr lang arbeitet er am Drehbuch zu *Kill Bill*. Die in Schwarz-Weiß gezeigte Eröffnungsszene, in der einer Frau in den Kopf geschossen wird, gehört zu den ersten Einfällen, die er hat. Von Uma Thurman stammt die Idee, in der Szene als Braut verkleidet zu sein; daher heißt es in den Credits „Based on the character of ‚The Bride', created by Q & U". Ursprünglich entwirft Tarantino *Kill Bill* als *einen* Film. Zu der Teilung in zwei Hälften kommt es in Absprache mit Harvey Weinstein von der Produktionsgesellschaft Miramax Films, weil der Regisseur nicht kürzen und der Filmproduzent den Zuschauer nicht mit einem vierstündigen Racheepos überfordern will. Tarantino ist im Filmgeschäft inzwischen eine Größe und hat eine gute Verhandlungsbasis: Allein der erste Teil von *Kill Bill. Vol. 1* kostet Miramax Films ca. 30 Millionen Dollar; das ist deutlich mehr als *Reservoir Dogs*, *Pulp Fiction* und *Jackie Brown* zusammen gekostet haben. *Kill Bill: Vol. 1* ist ein aufwendiger Actionfilm, der sich am asiatischen Martial-Arts-Kino orientiert. Der Martial-Arts-Choreograf Yuen Wo-Ping, der für zahlreiche Kung-Fu-Filme und auch für den Wachowski-Geschwister-Film *The Matrix* (1999) die Kämpfe choreografiert hat, und Sonny Shiba, der ein Experte für die Samurai-Kämpfe ist, trainieren mit Uma Thurman und den anderen Schauspielern die Kampfszenen. Etwa fünf Monate dauern die in den USA (Kalifornien und Texas), Mexiko, China und Japan stattfindenden Dreharbeiten für beide Teile. Das animierte Flashback realisiert Tarantino in Zusammenarbeit mit dem japanischen Anime-Produktionsstudio Production IG, das seinen Sitz in Tokio hat. Acht Wochen lang dreht Tarantino in den Ateliers der Shaw Brothers in Hongkong den „Showdown at House of Blue Leaves".[1] Als augenzwinkernde Hommage an die Kung-Fu-Filmproduzenten Shaw Brothers blendet Tarantino deren SB-Logo zu Beginn von *Kill Bill: Vol. 1* ein und verweist damit zugleich auf die entsprechenden Kung-Fu-Filmzitate.

Die Reaktionen fallen auseinander: Die einen loben die Ästhetik des Films, die anderen verabscheuen seine substanzlose Gewalt. Roger Ebert von der *Chicago Sun-Times* findet *Kill Bill: Vol. 1* technisch virtuos und stellt zugleich die mangelnde psychologische Tiefe fest, die er aber nicht beklagt, da der Film von nichts als dem Können und der Komik seiner selbst handele.[2] Insgesamt wird in den Rezensionen die Selbstzweckhaftigkeit der Gewalt kritisiert. A. O. Scott von der *New York Times* bezeichnet die Gewalt allerdings als „cartoonish"[3], wodurch er indirekt zum Ausdruck bringt, dass die Filme Gewalt nicht verherrlichen, sondern als Element einer künstlichen Welt darstellen. Die Rezeption in Deutschland ist größtenteils euphorisch; es gibt aber auch gut begründete kritische Stimmen. Michael Haberlander kritisiert beispielsweise die Uneinheitlichkeit des Films, der in Episoden und Genreelemente auseinanderfalle und nicht einmal von einheitlichen Charakteren zusammengehalten werde.[4] Andreas Kilb von der *Frankfurter Allgemeinen Zeitung* nennt den Film „eine Orgie des Zertrümmerns und Zerspleißens von Kinoformen, Kinomotiven, Kinoerinnerungen" und bringt so die im Film dargestellte Gewalt mit dem gewaltsamen Stil der Regiearbeit Tarantinos in Verbindung.[5]

Der Film erhält einige Preise, unter anderem für Uma Thurman, für die Cutterin Sally Menke und für den Soundtrackkomponisten RZA. Oscars und Goldene Palmen lassen jedoch bis *Inglourious Basterds* auf sich warten.

III. Inhaltliche Analyse

Tarantino ist bekannt dafür, Genreelemente zu zitieren und in origineller Weise zusammenzufügen. In *Kill Bill: Vol. 1* werden vor allem asiatische Martial-Arts-Filme zitiert und teilweise mit Stilelementen aus Italo-Western kombiniert. Was unterscheidet nun Tarantinos Film von den zitierten Filmen? Warum wird er als ästhetisches Meisterwerk gefeiert und nicht als zweitklassiger Streifen mit dünnem Racheplot und endlosen Kampfszenen abgetan? Schwertkämpfe, die wie Schattenspiele vor einer leuchtend roten oder blauen japanischen Wand aussehen: Das ist aus Hiroyuki Nakanos Film *Samurai Fiction* (1998) bekannt, das Mädchen mit der

Augenklappe aus dem schwedischen Rachefilm *Thriller – en grym film* (Bo Arne Vibenius, 1974), eine Axt im Kopf aus Sergio Corbuccis Italo-Western *Navajo Joe* (1966), blutende Augen aus dem italienischen Horrorfilm *Paura nella città dei morti viventi* (Lucio Fulci, 1980), die Todesliste aus Corbuccis italienischer Western-Komödie *Il mercenario* (1968) – diese Aufzählung ließe sich seitenfüllend fortsetzen.[6] Allein die Tatsache, dass es sich um Zitate handelt, mag schon den ästhetischen Mehrwert des Films begründen, weil dies selbstreflexiv und auf versierte Weise interfilmisch ist. Hinzu kommen die verschachtelte Erzählweise und die audiovisuelle Perfektion.

Wie schon in *Pulp Fiction* stellt Tarantino auch hier die Chronologie um. Dabei gibt es nur wenige Flashbacks, die als solche markiert sind. Das Massaker in der Kirche blitzt wiederholt als Erinnerung der Braut auf, um den dann folgenden Racheakt zu motivieren. Das umfangreichste Flashback ist die *backstory*, also die biografische Hintergrundgeschichte O-Ren Ishiis, die im Anime-Stil präsentiert wird. Diese Episode unterscheidet sich von den anderen dadurch, dass sie der Basiserzählung zeitlich weit vorausliegt und den Charakter einer Rückblende hat.

Chronologie des Filmverlaufs:	Chronologie der erzählten Geschichte:
1. Vorspann	1. Chapter Three – The Origin of O-Ren
2. Chapter One – 2	2. Vorspann
3. Chapter Two – The blood-splattered BRIDE	3. Chapter Two – The blood-splattered BRIDE
4. Chapter Three – The Origin of O-Ren	4. Chapter Four – The MAN from OKINAWA
5. Chapter Four – The MAN from OKINAWA	5. Chapter Five – Showdown at House of Blue Leaves
6. Chapter Five – Showdown at House of Blue Leaves	6. Chapter One – 2

In der Chronologie fällt ansonsten die Episode „2" mit Vernita Green aus der Reihenfolge. Der Grund dafür liegt auf der Hand: Die Kämpfe in *Kill Bill: Vol. 1* steigern sich bis zum großen Showdown gegen O-Ren Ishii. Käme der Besuch im bürgerlichen Umfeld von Vernita Green am Schluss, wäre der Film dramaturgisch misslungen. Da sie die Nummer 2 auf der Liste der Braut ist, heißt das erste Kapitel „2". Irritierend mag sein, dass die Liste mit der durchgestrichenen O-Ren in dem Kapitel schon gezeigt wird. Andererseits ist klar, dass dieser Tötungsakt in der Vergangenheit liegen muss und das Erzählen dieses Ereignisses an späterer Stelle nachgeholt werden wird.[7]

Die Idee mit der Todesliste ist nicht neu, aber Tarantino macht keinen Hehl aus seinen Vorläufern. Der wichtigste Vorläufer von *Kill Bill: Vol. 1* ist der japanische Rachefilm *Shurayukihime* (1973) von Toshiya Fujita, bekannt unter dem internationalen Titel *Lady Snowblood*. Eine Frau namens Yuki rächt den Mord an ihrem Vater sowie die Vergewaltigung ihrer Mutter. Tarantino übernimmt zahlreiche Motive: *Lady Snowblood* beginnt und endet mit einer japanischen Schneelandschaft, in der die elegant gekleidete Yuki ihre Gegner zu Fall bringt, sie erfährt eine Kampfausbildung durch einen strengen Meister und es gibt mehrere Rächerinnen, da die Tochter Banzos, eines Mannes, den Yuki getötet hat, sich wiederum an ihr rächt. In *Kill Bill: Vol. 1* ist O-Ren die zweite Rächerin, allerdings gibt es auch die Analogie zur Tochter, denn die Braut lädt Nikki, die Tochter Vernita Greens, ein, sich wiederum an ihr zu rächen. Teilweise ähneln sich die Dialoge, beispielsweise drängt Yuki Banzo, mit ihr zu gehen, weil sie noch eine Rechnung offen hätten, auf Englisch: „We have a little business to take care of" – eine Reminiszenz auf diese Stelle sind die Worte der Braut an O-Ren Ishii, ebenfalls in japanischer Sprache, die mit „You and I have unfinished business" untertitelt werden. Kurz danach fragt Yuki ihn, ob sie nicht Ähnlichkeit mit einer Frau habe, die er vergewaltigt habe – O-Ren fragt ihr Racheopfer in der animierten Sequenz: „Do I look like somebody you murdered?!" Eine weitere Parallele ist das Aufkreuzen der Rächerin auf einem Maskentanzball im sogenannten Blutroten Haus, denn im House of Blue Leaves vergnügen sich die Leute ebenfalls und die Crazy 88 tragen Masken. Der Feind versteckt sich in beiden Filmen in einem Hinterzimmer beziehungsweise -garten des Hauses und wird dort gestellt. Bei Tarantino hat das Rachemotiv im Unterschied zu *Lady*

Snowblood jedoch keinerlei politische Hintergründe, es ist purer Treibstoff für die Geschichte und die Kampfszenen. An interfilmischen Verweisen wären noch viel mehr zu benennen, etwa der Charakter Hattori Hanzō aus der gleichnamigen Serie mit demselben Schauspieler Sonny Chiba, der gelbe Anzug des Motorrad fahrenden Bruce Lee in Robert Clouses *Game of Death* (1978) oder das Laclos-Zitat „Revenge is a dish best served cold", das Tarantino aus *Star Trek II: The Wrath of Khan* (Nicholas Meyer, 1982) zitiert, wo behauptet wird, es handele sich um ein klingonisches Sprichwort. Die Frage ist, wozu diese Zitate und Anspielungen dienen und was sie in Tarantinos Filmen bewirken. Fest steht, dass Tarantino mit dem Zitatspiel und Genremix etwas Neues geschaffen hat; gleichzeitig wirken die Filme zuweilen so heterogen, dass der Mangel an Einheitlichkeit auch als ästhetisches Manko gesehen werden kann. Die *Kill Bill*-Filme werden nicht nur in zerstückelten Episoden und vermischten Genresplittern geliefert, auch der Charakter der Hauptfigur „The Bride" ist ein brüchiges Amalgam aus gedemütigter Braut, unantastbarer Samurai-Kämpferin, urbaner Motorradfahrerin, fürsorglicher Mutter, schutzlosem Opfer, unbarmherziger Rächerin etc. Ob eine „systematische Dekonstruktion von Weiblichkeitstopoi"[8] das Ziel dieser Heterogenität ist, sei dahingestellt; sicher ist, dass manch ein dekonstruierter Weiblichkeitstopos zuverlässig für Komik sorgt wie der der schönen Leiche, die bei Tarantino von Sheriff Earl McGraw bewundert wird, bevor sie sich als lebendig entpuppt und ihm ins Gesicht spuckt.

Ansonsten ist von der bekannten Tarantino-Komik in *Kill Bill: Vol. 1* nicht viel vorhanden, keine ausufernden Spaßdialoge, kaum ein Überführen von Genremustern in Alltägliches. Komisch sind eigentlich nur Kleinigkeiten wie die Unterbrechung des Kampfes, als die Tochter Vernita Greens nach Hause kommt oder auch die Frühstücksflocken-Packung mit der Aufschrift „Kaboom", ein Markenname, den Tarantino so kreiert hat, weil eine Pistole darin versteckt ist.

Als eine Diskrepanz, die nicht komisch wirkt, kann die Tatsache begriffen werden, dass einerseits Rache ohne moralische Grenzen vorgeführt wird, während andererseits genretypische moralische Kodizes eingestreut werden. Dies lässt sich an drei Beispielen zeigen. Erstens: Bill, von dem nur die das Samuraischwert haltende Hand zu sehen ist, hält Elle Driver telefonisch davon ab, die Braut zu töten, weil sie sich im Koma nicht wehren kann. Dies zu tun, sei niederträchtig: „[…] that thing would lower us", argumentiert Bill. Zweitens: Die Braut verspricht, sich der kleinen Nikki zu deren zukünftiger Rache zur Verfügung zu stellen, weil sie ihre Mutter vor ihren Augen getötet hat. Damit respektiert sie den Vergeltungsanspruch des Kindes. Drittens: O-Ren Ishii nimmt ihre spöttische und rassistische Beleidigung der Braut („Silly Caucasian girl likes to play with samurai swords") zurück und erkennt sie als gleichberechtigte Samurai-Schwertkampf-Gegnerin an: „For ridiculing you earlier... I apologize", lauten die Untertitel des diesmal nicht englisch, sondern japanisch Gesprochenen. Der Sprachwechsel unterstreicht die Entschuldigung als Geste der moralischen Achtung performativ. Zwar zeugen diese Beispiele eher von einer Verpflichtung gegenüber dem eigenen Ehrgefühl als von einer ethischen Pflicht gegenüber den anderen; dies ist gleichwohl ein Ausdruck von Moralität, der zum Genre der Samurai-Filme passt.

IV. Audiovisuelle Analyse

Die größte Herausforderung für Tarantino sind die Actionszenen des Films, denn darin kann ein Regisseur seine handwerkliche Meisterschaft beweisen. Das ist ihm insofern gelungen, als der Stil und die Kampfchoreografien dieser Szenen so ausgefeilt sind, dass sie die Kritik an der Ästhetisierung der Gewalt geradezu provozieren. Solcherart moralisch berechtigtem Tadel ist nur entgegenzuhalten, dass der Film keiner realen Gewalt Vorschub leisten, sondern Gewalt als reines Kinoereignis und Kunstprodukt darstellen will. Dies ist besonders an Elementen von *Kill Bill: Vol. 1* zu zeigen, die *Lady Snowblood* als Modell des japanischen Rachefilms zitieren. Die selbstreflexiven Eingriffe des Regisseurs werden nicht nur durch die Zitiertechnik selber deutlich, sondern auch in drei wesentlichen Funktionen der Fiktionalisierung des Dargestellten. Erstens gebraucht Tarantino wie auch Fujita Schrifteinblendungen, zweitens Zeichnungen beziehungsweise Zeichentrick für Flashbacks, drittens übertriebene Splatter-Techniken. Die Kapitelüberschriften wirken künstlich, und geradezu parodistisch wirken die von einer Erzählerstimme kommentierten *freeze frames* der Bösewichter bei gleichzeitiger Namenseinblendung – ein Verfahren, das Tarantino auch in *Inglourious Basterds* nicht ohne Ironie

Abb. 10

verwenden wird. Ein weiteres Darstellungsmittel der Identifikation der Bösen sind überblendete Flashbacks, die durch eine Montageverknüpfung mit den Augen der Heldin in Nahaufnahme als solche gekennzeichnet werden und die ursprüngliche Übeltat zeigen, welche die Rache provoziert hat, oder die Übeltäter in Untersicht. Letztere Einstellung des Deadly Viper Assassination Squad in *Kill Bill: Vol. 1* ist ein direktes Zitat aus *Lady Snowblood*, wo die vier Mörder beziehungsweise Vergewaltiger von Yukis Eltern in gleicher Perspektive zu sehen sind (siehe Abbildungen 10 und 11). Die Einschübe von Zeichnungen und Animesequenzen im Manga-Stil, von Voice-over-Kommentaren und Western-Duell-Musik begleitet, erinnern an den Status der Fiktionalität sowie an die Manga-Vorlage[9] von *Lady Snowblood* und verschieben damit die Gewalt in ein artifizielles Paralleluniversum. Dass aber auch die real gezeigte Gewalt nicht realistisch ist, verdeutlichen die maßlosen Übertreibungen, beispielsweise das Blut wie aus Fontänen sprengen und die Opfer in einem ‚roten Meer' baden zu lassen. Was bei Fujita tatsächlich das Meer ist, ist bei Tarantino ein kleiner, sich vom Blut rot färbender Pool im Partysaal. Als die Braut Sofie Fatale den Arm absäbelt – auch ein Motiv aus Fujitas Film –, spritzt das Blut sogar fiktionsbrechend auf das Kameraglas. Diese Funktionen, den Grad des Artifiziellen zu erhöhen, relativieren ebenso die viel kritisierte Ästhetisierung der Gewalt wie die Tatsache, dass Tarantino hier eine bestimmte Tradition und einen bestimmten Film als Paradebeispiel dieser Tradition zitiert.

Selbstreferenzialität beziehungsweise Metafiktionalität gibt es in *Kill Bill: Vol. 1* auch unabhängig von dem Bezug zu *Lady Snow-*

Abb. 11

blood. Einige Beispiele hierfür sind der Piepton, der eingespielt wird, wenn der Name der Braut genannt wird[10] (dies ist vergleichbar mit dem gepunkteten Viereck, das in *Pulp Fiction* illusionsstörend wirkt); die Aufsicht der Küche Vernita Greens, die ein Filmstudio oder eine Spielszene mit Spielfiguren zu zeigen scheint; die Computeranimationen bei einigen Stadtansichten und Flugzeugflügen; das Schwarz-Weiß-Intermezzo in der Kampfszene im House of Blue Leaves (eine Anspielung auf die Gewohnheit US-amerikanischer TV-Sender, bestimmte Szenen aus Martial-Arts-Filmen in Schwarz-Weiß zu zeigen, um das Blutvergießen erträglicher zu machen)[11] und auf auditiver Ebene die übertriebene Lautmalerei.

Die Einspielung des Pieptons hat noch eine weitere Funktion, nämlich die, die Figur der Braut zu mystifizieren. Auch hierfür gibt es ein Set von Beispielen. Eine audiovisuelle Mystifikation erfährt auch Bill, dessen Angesicht in Teil eins verborgen bleibt. Ähnlich wie Marcellus in *Pulp Fiction* und Erzfeind Gishiro in *Lady Snowblood* wird Bill über weite Strecken als unsichtbare und unerreichbare Macht im Hintergrund in Szene gesetzt. Auf andere Weise geheimnisumwoben ist Hattori Hanzō als Meister des Schwertschmiedens. Die Szene, in der er der Braut das beste Schwert überreicht, das er je hergestellt hat, obwohl er sich 28 Jahre zuvor geschworen hat, dieses Handwerk aufzugeben, wirkt durch das zeremonielle Setting, die andächtige Panflötenmusik[12], aber auch durch die Nahaufnahmen von Klinge, Schaft und Scheide geradezu sakral und mythisch. Die Braut wird damit zu einer übermenschlichen Samurai-Kriegerin, die mit ihrem supergöttlichen Schwert sogar Gott bezwingen könnte. Mit dem „God will be

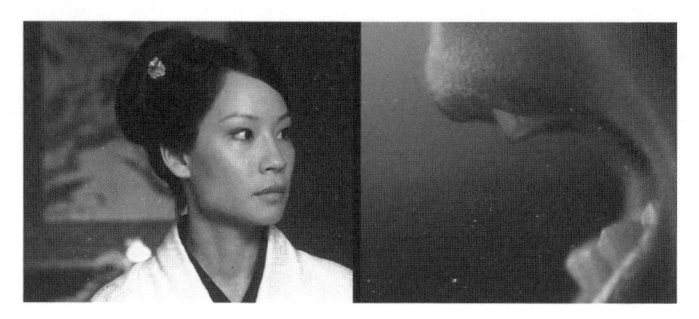

Abb. 12

cut"-Zitat aus Fukasakus *Makai tenshô* (*Samurai Reincarnation*) von 1981, in dem auch Hattori-Hanzō-Darsteller Sonny Chiba mitspielt, wird ebenfalls eine Schwert-Legende evoziert.

Besonders mystifiziert werden die Braut und ihre in Teil eins wichtigste Gegnerin O-Ren Ishii. In Parallelmontagen wird der große Showdown vorbereitet. Beide Frauen wirken entschlossen und überlegen. Sie werden in vielen Einstellungen in Untersicht oder voller Größe gezeigt. Der Mythos der durch das Hanzō-Schwert unbesiegbaren Braut wird konfrontiert mit dem Mythos der anderen Rächerin, deren Satisfaktionsfähigkeit durch die Anime-Episode und deren herrscherliche Hoheit durch die maskierte Leibgarde und die Köpfungsszene demonstriert werden. Diese Gegenüberstellung wird durch eine *split screen*-Einstellung verdichtet, in der links O-Ren und rechts der „O-Ren Ishii"-rufende Mund der Braut zu sehen sind. Der Ton ist hier der rechten Bildhälfte zugeordnet, wodurch diese dominanter wirkt. Die Kampfansage lässt die Braut entsprechend überlegen wirken. Die *split screen*-Technik wendet Tarantino zuvor zu einem ähnlichen Zweck an, nämlich um die sich anbahnende Konfrontation zwischen der Braut und Elle Driver zu visualisieren (siehe Abbildungen 12 und 13). Hierzu wird *Twisted Nerve* von Bernard Hermann eingespielt, das in dem gleichnamigen Film von Roy Boulting (1968) die Funktion hat, die Anwesenheit des Mörders zu signalisieren. Durch die Tonebene wird die Bildhälfte mit Elle Driver folglich als führend gekennzeichnet, was auch ihre gegenwärtige Überlegenheit gegenüber der Komapatientin spiegelt.

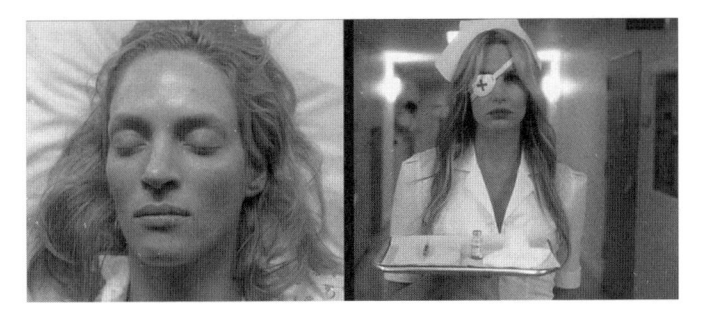

Abb. 13

V. Szenenanalyse

Der entscheidende Kampf, für den die Braut nach Tokio geflogen ist, findet in exklusiver Umgebung statt: Wie einen Theatervorhang reißt die Braut die japanische Schiebetür auf und dringt grenzüberschreitend in die Höhle des Löwen ein, ins innerste Territorium ihrer Feindin O-Ren Ishii. Dies symbolisiert der verschneite japanische Garten: In seiner stillen Abgeschlossenheit betont er sowohl das Exklusive des finalen Kampfes am Ende von *Kill Bill: Vol. 1* als auch das Kulissen- und Märchenhafte dieses Raumes. Der Kontrast zu dem unmittelbar zuvor zu sehenden unverschneiten urbanen Japan des 21. Jahrhunderts verstärkt diesen Eindruck der Künstlichkeit. Häufig ist ein Garten in der Kunst eine Allegorie des Paradieses; und ein Zen-Garten, wie er hier zu sehen ist, dient normalerweise der Meditation. Der still rieselnde Schnee und die tiefblaue Winternacht im Hintergrund verstärken die Aura der spirituellen Friedlichkeit und evozieren zugleich die Idee der ästhetischen Kunstwelt einer Schneekugel. Hier wird also einerseits ein abgesonderter elysischer Kosmos kreiert, andererseits steht dieser im Kontrast zu dem blutigen Kampf, der dort stattfindet. Die blutverschmierte Braut wirkt wie ein „schmutziger Eindringling"[13], sie passt nicht zur rituellen Feierlichkeit des Gartenraumes und des traditionellen weißen Kimonos, den O-Ren trägt. Gleichwohl wird sie filmisch durch fotografisch schöne Einstellungen und anmutige, teilweise in Zeitlupe gezeigte Bewegungen in die visuelle Idylle integriert. Tarantino übertreibt das Paradiesische ins Ironische, indem er zwar unscharf, aber doch im Vordergrund wiederholt eine Wasserwippe zeigt, die durch das deutlich hörbare Ausgießen des Wassers und das Zurückwippen des Rohrs einen ruhigen, scheinbar ewigen, meditativen Rhythmus vorgibt. Dieser steht im Kontrast zu den Momenten, in denen sich die Schwerter kreuzen und rotes Blut auf den Schnee spritzt – ein Gegensatz, der auch auf *Lady Snowblood* anspielt. Vor allem die Musik erzeugt ein Missverhältnis zu dem graziösen Setting. Als der Kampf beginnt, setzt ein klappernder, stampfender Flamenco-Rhythmus ein, während die zarten Füße O-Rens in weißen Socken durch den Schnee schleichen. Die spanische Gitarre und die drängenden Bläser machen aus dem Samurai-Schwertkampf einen ungestümen Tanz. Der bekannte Song *Don't Let Me Be Misunderstood* von den Animals wird durch die Coverversion von Santa Esmeralda stark verfremdet. Der Songtitel passt, denn Missverständnisse werden in dieser Szene insofern ausgeräumt, als die Braut sich als ehrbare Samurai-Kämpferin, nicht als das „silly caucasian girl" erweist, für das sie von der hochmütig spottenden O-Ren gehalten wird. Der Spannungsbogen führt die Braut zunächst zu einer Niederlage. Sie bekommt einen blutigen Hieb quer über den Rücken, schreit auf und fällt in den Schnee. Die Musik setzt aus und der Fall ist in der Totale des Gartens mit seinen vier Mauern in Aufsicht zu sehen, so als sollte diese Ansicht des Spielfelds das Ende des Kampfes signalisieren (siehe Abbildung 14). Nun kommt es zur finalen Wendung: In Wichtigkeit verleihender Zeitlupe sehen wir die Braut wieder aufstehen, nachdem sie zuvor stöhnend auf dem Boden lag und leidend in einer Großaufnahme gezeigt wurde, die an die erste Filmszene erinnert, in der die Braut Bill anfleht, sie um des Kindes willen nicht zu erschießen. Es kommt also wieder zum Kampf und diesmal zum wirklich finalen Hieb: O-Ren wird dabei skalpiert. Dieses amerikanische Indianermotiv überlagert die japanischen Motive, die sich in Dialogsprache, Bildsprache und Musik ausdrücken. Der Hieb wird in Zeitlupe gezeigt, denn die ganze Meisterschaft des mystifizierten Hanzō-Schwertes drückt sich in der Bewegung aus, in der der Skalp mit symbolisch hörbarem Gewicht zu Boden fällt. Hier wird der Kontrast besonders pointiert: O-Rens flüsterndes Gesicht ist in einer Großaufnahme zu sehen, die den oberen Teil des Kopfes ausspart. Dazu ist das japanische Panflöten-Lied *Shura No Hana* (*The Flower of Carnage*) aus *Lady Snowblood* zu hören, das beim entscheidenden Schlag einsetzt. Diese Einstel-

Abb. 14

lung wirkt ruhig und melancholisch – auch dann noch, wenn aufgrund der Kamerarückfahrt zu sehen ist, dass eben jener obere Teil des Kopfes abgeschnitten ist. All das wird vollkommen künstlich dargestellt und zudem von dem ruhig weiterfallenden Schnee sowie der ruhig weiterlaufenden Musik ignoriert. Dies passt zur Gartenidylle, die am Ende noch einmal mit einer gefallenen O-Ren und einer erschöpften Braut präsentiert wird.

Kill Bill: Vol. 2 (2004)

I. Handlung

In *Kill Bill: Vol. 2* wird die Rachegeschichte des ersten Teils zu Ende erzählt. Nachdem die Eröffnungssequenz aus *Kill Bill: Vol. 1*, in der Bill auf die Braut schießt, noch einmal gezeigt worden ist, richtet sich die Braut als Erzählerin fiktionsbrechend an den Zuschauer und gibt nicht nur den Inhalt des ersten Films wieder, sondern kündigt auch an, dass sie sich nun auf der Fahrt zu Bill befinde – die letzte Person auf ihrer Todesliste –, um diesen auszulöschen. In einer ausgreifenden Rückblende, die fast die gesamte Erzählzeit des Films umfasst, werden nicht nur die am Ende des ersten Teils noch ausstehenden Stationen ihres Rachefeldzuges gezeigt, sondern es wird auch ihre gemeinsame Vorgeschichte mit Bill ausgebreitet.

Dieser taucht in vermeintlich guter Absicht während der Vorbereitung der Hochzeit in El Paso auf. Sein Killerkommando folgt ihm jedoch auf dem Fuß und massakriert alle Anwesenden. Nun findet ein inhaltlicher Zeitsprung statt, denn im Anschluss sucht Bill seinen Bruder Budd auf, der abgeschieden in einem Wohnwagen lebt, und warnt ihn, dass die Braut kommen werde, um sie zu töten. Als diese in der Nacht wie ein Ninja verkleidet mit dem Samurai-Schwert um Budds Wohnwagen schleicht und ihn überrumpeln will, ist er auf ihr Kommen vorbereitet und schießt ihr mit der Schrotflinte eine Ladung Steinsalz in die Brust, bevor er sie lebendig begräbt. Aus dem Sarg kann sich die Braut allerdings mithilfe ihrer Kung-Fu-Fertigkeiten befreien. Auf diese Weise wird die Rückblende von ihrer Ausbildung bei dem Kung-Fu-Meister Pai Mei motiviert, der auch Bill und ihre Widersacherin Elle Driver ausgebildet hat. Die persönliche Rache an Budd wird der Braut allerdings versagt, da er tödlich von einer Black Mamba gebissen wird. Die hochgiftige Schlange wird von Elle Driver in einem Geldkoffer in Budds Wohnwagen geschmuggelt. Das Geld soll Budd dafür erhalten, dass er ihr das Hattori-Hanzō-Schwert der Braut überlässt. Im Anschluss wird die einäugige Elle Driver von der Braut im Zweikampf besiegt und verliert dabei auch noch ihr zweites Auge.

Für die Schlussszene springt der Film in die erzählte Gegenwart zurück. Beatrix Kiddo – der bürgerliche Name der Braut ist dem Zuschauer mittlerweile bekannt – lernt nach der Ankunft bei Bill ihre Tochter kennen, was den erfolgreichen Abschluss der Rache zunächst aufschiebt. Bill verhört Beatrix mithilfe eines Wahrheitsserums, um zu erfahren, warum sie ihn verlassen hat (weil sie ihre Tätigkeit als Killerin nicht weiter ausführen konnte, nachdem sie von ihrer Schwangerschaft erfahren hatte), und erklärt ihr in einem Superhelden-Vergleich, dass sie nicht als potenzielle Mutter, sondern als Killerin geboren sei, die ihre bürgerliche Rolle wie ein Kostüm trage. Nach der abschließenden Tötung Bills mithilfe der *five point palm exploding heart technique*, die ihr Pai Mei beigebracht hat, nimmt sie endgültig die Rolle der Mutter ein: Die Schlusseinstellung zeigt sie glücklich mit ihrem Kind vereint beim Fernsehen.

II. Produktion und Rezeption

Während die Filmkritik die beiden *Kill Bill*-Teile aufgrund der separaten Vermarktung und Premieren, die etwa ein halbes Jahr auseinanderliegen, als unterschiedliche Filme behandelt, werden sie in der Forschungsliteratur oftmals als ein Werk betrachtet. Doch auch wenn beide Teile ursprünglich als ein Film geplant waren und Tarantino bemerkt, man könne sie einfach hintereinander kopieren, wenn man Vor- und Abspann herausnähme[1], werden sie nicht nur durch ebendiese Titelei, sondern auch durch die Dramaturgie, die in beiden Teilen auf eine Umstellung der zeitlichen Ereignisse zurückgeht, und ihre Ästhetik zu eigenständigen Filmen. Während Teil eins für seine Machart seitens der Kritiker viel Lob eingestrichen hat, ist er zugleich für die mangelnde psychologische Tiefe und die Selbstzweckhaftigkeit der Gewalt kritisiert worden. Als wenn Tarantino diese Kritikpunkte vorausgeahnt hätte, vertieft er im zweiten Teil die gemeinsame Geschichte der Hauptfiguren und reduziert nicht nur den Umfang der Gewalt, sondern auch ihre audiovisuelle Stilisierung. Von den meisten Kritikern wird er hierfür gefeiert: Stellvertretend mag Roger Ebert von der *Chicago Sun-Times* stehen, dem neben der vertieften Geschichte und der Charakterzeichnung vor allem der filmische Mix aus Satire, Drama und Action gefällt; beide Filme im Ganzen würdigt er als „a masterful saga".[2] Andere Kritiker heben vor allem den Stellenwert und Wortwitz der Dialoge hervor, die sie an *Pulp Fiction* erinnerten. Geringer in der Anzahl sind die Stimmen, die sich vom zweiten Teil enttäuscht zeigen, weil er nicht so kurzweilig wie der erste sei, sondern viele überflüssige, alberne oder nicht funktionierende Szenen enthalte.[3]

Auch der enormen popkulturellen Wirkung, die seine beiden Filme entfalten, die mit Gesamtproduktionskosten von etwa 65 Millionen Dollar mehr als fünfmal so viel wie sein letzter Film *Jackie Brown* kosten, scheint sich Tarantino im Vorfeld bewusst zu sein: Er mythisiert sich im Vorspann zum ersten Teil mit dem Titelzusatz „*The 4th Film by* Quentin Tarantino" selbst und zitiert seinen Status als Autorenfilmer. Was Tarantinos Filmästhetik angeht, ziehen die Filme alle Register: Beide Teile warten mit einer Vielzahl interfilmischer, popkultureller und selbstreferenzieller Verweise auf, verbinden systematisch Gewalt und Komik, erzählen episodenhaft und bieten unterhaltsame Dialoge. Die Filmwelt honoriert dies mit zahlreichen Preisen und Nominierungen, im Kontext des zweiten Teils insbesondere für Uma Thurmans Schauspiel sowie das Sounddesign und den Tonschnitt. Höhere Weihen wie der Oscar bleiben Tarantino vorerst verwehrt – vermutlich wegen der unzähligen Zitate und dem Eindruck der Substanzlosigkeit, der, wie bereits skizziert, insbesondere bei *Kill Bill: Vol. 1* entsteht.

III. Inhaltliche Analyse

Trotz der Episodenhaftigkeit und der umgestellten zeitlichen Ordnung beider Filme bereitet die Rekonstruktion der erzählten Geschichte dem Zuschauer keine Schwierigkeiten. Dies liegt zum einen daran, dass sich die Handlung am festgelegten narrativen Ablauf der Rache orientiert, deren Ausgangspunkt (erlittenes Unrecht) und Endpunkt (Ausgleich des Unrechts) eindeutig festgelegt sind sowie Logik und Richtung des Handlungsverlaufs ständig im Zuschauerbewusstsein halten, wobei vereinzelte Umstellungen nicht ins Ge-

Chronologie des Filmverlaufs:	Chronologie der erzählten Geschichte (die Kapitel aus *Kill Bill: Vol. 1* sind kursiv gesetzt):
1. Vorspann (ohne die aus *Kill Bill: Vol. 1* wiederholte Eröffnungsszene)	1. *Chapter Three – The Origin of O-Ren*
2. Chapter Six – Massacre at Two Pines	2. Chapter Eight – The Cruel Tutelage of Pai Mei
3. Chapter Seven – The lonely grave of Paula Schultz	3. Chapter Six – Massacre at Two Pines
4. Chapter Eight – The Cruel Tutelage of Pai Mei	4. *Vorspann*
5. Chapter Nine – ELLE and I	5. *Chapter Two – The bloodsplattered BRIDE*
6. Last Chapter – Face to Face	6. *Chapter Four – The MAN from OKINAWA*
	7. *Chapter Five – Showdown at House of Blue Leaves*
	8. *Chapter One – (2)*
	9. Chapter Seven – The lonely grave of Paula Schultz
	10. Chapter Nine – ELLE and I
	11. Vorspann
	12. Last Chapter – Face to Face

wicht fallen. Zum anderen zeigt die chronologische Aufstellung der erzählten Geschichte, dass die Filme zeitlich recht einheitlich gestaltet sind. Mit Ausnahme der umfangreichen Rückblende, die von der Ausbildung der Braut bei Pai Mei handelt, spielt *Kill Bill: Vol. 2* wesentlich nach den Ereignissen des ersten Teils. Es ist also nicht Tarantinos Absicht, Verwirrung zu stiften, sondern vielmehr erfüllen die zeitlichen Umstellungen innerhalb der Filme eine dramaturgische Funktion.

Die Mixtur verschiedener Genres und Stile, die aus dem ersten Teil bekannt ist, ist in *Kill Bill: Vol. 2* besonders breit angelegt, denn hier treffen die östliche und die westliche Actionfilm-Kultur aufeinander. Die Episode mit Pai Mei zitiert chinesische Kung-Fu-Filme, während die Eröffnungssequenz des Films und andere Szenen mit Bill und Budd an Western erinnern. Die interkulturelle Vermischung der Genres samt der hieraus resultierenden ästhetischen und inhaltlichen Konflikte wird außerdem in der Auseinandersetzung mit Budd und im Zweikampf mit Elle Driver augenzwinkernd auf die Leinwand gebracht, denn die Bewaffnung mit japanischen Samurai-Schwertern läuft im Western-Terrain der neumexikanischen Einöde ins Leere. Gleichwohl werden gerade die beiden Figuren, die sich mit Leichtigkeit durch die verschiedenen Kulturräume zu bewegen wissen – die Braut und Bill –, als machtvolle und gleichberechtigte Gegenspieler inszeniert.[4] Die interkulturelle Kompetenz insbesondere von Beatrix wird durch ihre Mehrsprachigkeit ausgestellt – ein Motiv, das Tarantino in *Inglourious Basterds* und *Django Unchained* in der Figur des mehrsprachigen und eloquenten Deutschen wieder aufgreifen und ausdifferenzieren wird. Auch in *Kill Bill: Vol. 1* zeichnet sich die mächtige Endgegnerin O-Ren Ishii durch ihre multikulturelle Herkunft und Mehrsprachigkeit aus.

Inhalt und Stil der Episoden werden durch die generischen Implikationen der verschiedenen Kulturräume bestimmt. Insofern die Figuren in verschiedenen Genres heimisch und aus den damit einhergehenden Typenanforderungen zusammengesetzt sind, stellen sie metafiktionale Bedeutungsträger dar. So verwundert es nicht, dass sowohl die Braut als auch Bill als Erzählerfiguren in Erscheinung treten. Während Bills Erzählungen intradiegetisch sind und ohne Fiktionsbruch auskommen, nimmt die metaleptische Zuschaueransprache der Braut am Filmbeginn das Ende in zweierlei Hinsicht vorweg: einmal inhaltlich durch die Ankündigung, sie werde Bill töten; dann erzähllogisch durch die Überschreitung der äußeren Erzählebene, die versinnbildlicht, dass ihre persönlich motivierten Ziele mit den dramaturgisch motivierten Zielen der Filmerzählung übereinstimmen. Dies wird von der Figur auch selber zur Sprache gebracht, die bezüglich ihrer Beweggründe erklärt: „[...] I went on what the movie advertisements refer to as ‚a roaring rampage of revenge'". Als Erzählerin leitet sie sogar im *voice over* die Eröffnungsszene vom Massaker von Two Pines ein. Außerdem ergibt sich durch den Abspann, in dem die Braut wie im Vorspann bei der Autofahrt gezeigt wird, erzählstrukturell der Eindruck einer Rahmenhandlung. Insofern also teilweise eine „Verfügungsgewalt über ihre Geschichte"[5] von der filmischen Hervorbringungsinstanz auf Beatrix übergeht, wird deren Machtposition im Figurengefüge erhöht. Die Spannung der Geschichte wird hiermit auf die Frage umgelenkt, *wie* Bill getötet wird, denn *dass* er getötet wird, steht außer Frage, besteht doch in der Rache die narrative Triebkraft des Films. Tarantino enttäuscht allerdings die Erwartungen der Zuschauer an einen spektakulären Endkampf, indem er das Ende als actionarme Parodie eines Familiendramas inszeniert.

Schon durch die verhältnismäßig lange Spieldauer von knapp vierzig Minuten wird das letzte Kapitel als wichtigster Abschnitt der Handlung ausgewiesen. Das macht *Kill Bill: Vol. 2* aber nicht zum „Familienfilm"[6], wie ein Filmkritiker meint, da das Pathos der Zusammenführung von Mutter und Kind durch zahlreiche parodistische, ironische und metafiktionale Elemente gebrochen wird. Zwar geht Beatrix am Ende in der Rolle der Mutter auf, nachdem sie zuvor auf keine Identität festgelegt werden konnte – im Abspann wird sie etwa als Beatrix Kiddo aka The Bride aka Black Mamba aka Mommy aufgeführt. Die Aufzählung ließe sich um ihre bürgerliche Schutzidentität Arlene Pimpton und den Namen auf ihrem Grab, Paula Schultz, erweitern. Doch wenn sie die Rolle der Mutter einnimmt, scheint sie bloß den generischen Regeln des Dramas zu genügen. Dies unterstreicht auch die Plötzlichkeit, mit der sie nach dem positiven Schwangerschaftstest die Überzeugung vertritt, niemanden mehr umbringen zu können: Hier werden die Mechanismen von klischeehaften Erzählmustern entlarvt, denn die Figur wird auf die generischen Verhaltensweisen festgelegt, ohne ihre Haltung überhaupt durch die Austragung eines inneren Konflikts selber entwickeln zu können. Da der Film nicht zeigt, wie die

Figur sich hinterfragt und die Überzeugung herausbildet, ihr Leben ändern zu müssen, erzielt er auch keinen Rührungseffekt. Es gelten stattdessen bis zum Schluss die Spielregeln der Verbindung von Raum und Genre, während der Identitätskonflikt der Braut als inhaltliches Nebenprodukt des ständigen Genrewechsels abfällt.

Dass das Filmende trotz der reduzierten audiovisuellen Stilisierung den Konstruktionscharakter des Films auf die Spitze treibt, verdeutlicht das Theaterspiel der Familie unmittelbar nach der Ankunft von Beatrix. Die Tochter erschießt sie im Spiel mit einer Wasserpistole, wobei Bill gleichzeitig den Schauspieler, Spielleiter, Souffleur und Dramaturg gibt. Beatrix gehorcht den generischen Regeln des Spiels und inszeniert ihren Tod besonders dramatisch. Die Lautmalerei „Bang! Bang!", die Bill und die Tochter äußern, verweist dabei auf den gleichnamigen Song von Nancy Sinatra, der am Anfang des ersten Teils zu hören ist, nachdem auf die Braut geschossen wurde. Insofern es die gattungsspezifischen Regeln sind, die das Verhalten der Figuren bestimmen, wirken gerade jene Figuren mit erzählerischen und spielleitenden Qualitäten besonders (eigen)mächtig. Bill erscheint aufgrund seiner Fähigkeiten als Erzähler der Braut im letzten Kapitel überlegen. Dies deutet sich bereits zu Beginn der Pai-Mei-Rückblende an, als er am Lagerfeuer auf der Flöte spielend (dies zitiert die Rolle David Carradines als Flöte spielender Shaolin-Mönch in der US-amerikanischen Fernsehserie *Kung Fu* aus den 70er Jahren) die Legende von Pai Mei erzählt. Er tritt hier zugleich als Philosoph, Künstler, Erzähler und Meister in Erscheinung und festigt seine Machtposition gegenüber Beatrix, die ihm als Schülerin buchstäblich zu Füßen liegt. Im letzten Kapitel erzählt er beim Brotschmieren, wie ihr Kind aus Versehen auf den Goldfisch getreten ist, wobei er mit einem überdimensionierten Messer herumspielt, als wenn ihm das Erzählen die Macht über Leben und Tod verliehe. Später unterzieht er Beatrix einem Verhör, um herauszufinden, warum sie ihn verlassen hat. Bills Macht spiegelt sich also in seinen erzählerischen, rhetorischen und inszenatorischen Fähigkeiten, denn selbst am Ende setzt er nach dem tödlichen fünffachen Handflächenstoß, mit dem Beatrix buchstäblich sein Herz bricht, nachdem sie es zuvor bereits im übertragenen Sinn gebrochen hat, auf theatralische Weise seinen Tod in Szene. Er stirbt der Logik der Vergeltung gemäß, da die Braut im Recht ist, wenn sie sagt: „You and I have unfinished business." Schon Bills Bruder Budd hatte festgestellt: „That woman deserves her revenge... and we deserve to die." Aus diesem Grund lehrt Pai Mei sie die spezielle Technik, mit der sie Bill schließlich zur Strecke und damit das Narrativ der Rache zu einem Abschluss bringt. Somit erweist sie sich am Ende auch als die erfolgreichere Erzählerfigur.

IV. Audiovisuelle Analyse

Die Mixtur verschiedener audiovisueller Stile ist keinesfalls willkürlich.[7] Die Art der Darstellung orientiert sich an den filmischen Räumen der einzelnen Episoden. Beispielsweise ist die Anfangssequenz in El Paso wie ein Western gestaltet. Tarantino zitiert hier die erste Einstellung von John Fords Rache-Western *The Searchers* (1956), wobei das kontrastreiche Schwarz-Weiß die Sequenz als eigenständig ausweist (im weiteren Filmverlauf zitiert er unter anderem Einstellungen aus Sergio Leones Filmen *Il buono, il brutto, il cattivo* von 1966 und *C'era una volta il West* von 1968). Die Braut ist im Begriff, die Kapelle zu verlassen, als sie ein Flötenspiel hört, das sie offenbar unmittelbar an Bill erinnert. Während die Flöte diegetisch erklingt, ist nicht-diegetisch Ennio Morricones *Il tramonto* aus Leones *Il buono, il brutto, il cattivo* zu hören. Einerseits konnotiert es den Western-Raum durch die akustische Gitarre und den Verweis auf Leones Film. Andererseits drückt es die Bewegtheit der Braut über Bills Erscheinen aus. Der Musikeinsatz geht also über den bloßen Zitatcharakter hinaus. In der Folge orientiert sich die Inszenierung an einer typischen Duellszene. Es ist richtig, dass die *mise en scène* hiermit „bereits auf die martialische Auseinandersetzung des Filmendes"[8] verweist, indem sie die Figuren als Antagonisten in einem Western-Raum positioniert. Dies drückt auch der starke Hell-Dunkel-Kontrast aus, der die Braut in ihrem überbelichteten weißen Kleid engelsgleich erscheinen lässt. Gleichzeitig nutzt Tarantino die darstellerischen Mittel jedoch, um eine Liebesszene zu zeigen, und unterläuft damit die typischen Konnotationen der Inszenierung. So beschleunigt sich mit dem Gitarrenspiel die Schnittfrequenz, die abwechselnd Großaufnahmen der beiden Gesichter montiert, wie um den erhöhten Pulsschlag der Braut auszudrücken, denn es ist die Braut, die Bill erwartungsvoll ansieht, während dieser noch in

Abb. 15

das Flötenspiel vertieft ist (siehe Abbildungen 15 und 16). Im Anschluss bewegen sich beide langsam aufeinander zu, was in gegenläufigen Kamerafahrten gezeigt wird, die in spiegelbildlich komponierten Nahaufnahmen die Oberkörper und Füße der beiden ins Bild setzen, wobei die Montage den Schrittrhythmus der Figuren aufnimmt. Die Szene ist doppeldeutig, indem sie das finale Duell vorwegnimmt, in der Annäherung aber gleichzeitig die Liebesgeschichte zwischen Bill und der Braut wieder aufleben lässt. Denn während sich das Brautpaar in der Kapelle in Albernheiten ergeht, erhält die Konversation mit Bill durch die formale Strenge der Inszenierung einen rituellen Anstrich. Sie erscheint daher wie die eigentliche Heirat. Die Szene setzt also das ambivalente Verhältnis zwischen Bill und der Braut treffend ins Bild. Die audiovisuellen Zitate rufen in *Kill Bill: Vol. 2* zwar stets den ursprünglichen filmischen Kontext auf, ihre Bedeutung erschöpft sich aber nicht im Verweis, da sie im Rahmen der Inszenierung funktionalisiert und damit umgedeutet werden. Das Ende der Eröffnungssequenz stellt ein Selbstzitat im weitesten Sinn dar, denn die aufwändige Plansequenz, in der die Kamera zunächst aus der Kapelle heraus- und dann in die Höhe fährt, als das Killerkommando das Gebäude betritt, spielt auf das aus *Reservoir Dogs* bekannte Verfahren an, die Kamera während der gewalttätigen Szene wegzudrehen und die Gewalt ausschließlich auditiv zu vermitteln.

In starkem audiovisuellen Kontrast zum westernhaften Filmbeginn und zu anderen Western-Einstellungen steht die Rückblende, die von der Ausbildung bei Pai Mei handelt. Der Stil orientiert sich hier am Kung-Fu-Film. Schon die Figur des Pai Mei gleicht visuell

Abb. 16

exakt dem gleichnamigen Charakter aus den Filmen des Shaw Brothers Studio aus den 70er Jahren. Sie wird von Gordon Liu gespielt, der in zweien dieser Filme einen Rächer mimt, der Pai Mei verfolgt. Die Inszenierung greift auf typische Darstellungsmittel der Martial-Arts-Filme zurück. Die Farben sind zunächst blasser und kontrastärmer und bilden einen visuellen Gegensatz zu den stark kontrastierenden und farbsatten Szenen, die im amerikanischen Süden spielen. Damit wird eine schlechtere Technik bei der Aufnahme suggeriert. Typisch sind auch die zahlreichen Totalen während des Kampfes. Besonders auffällig sind wiederum die Reißzooms auf die Gesichter der Figuren, die im Martial-Arts-Film häufig zum Einsatz kommen, und die übertriebenen Toneffekte bei den Kampfbewegungen. Tarantino stellt sie besonders dadurch als übertrieben aus, dass selbst das Schütteln der Haare im Kampf mit einem Zischton unterlegt wird. In vergleichbar ironischer Weise wird die Tatsache hervorgehoben, dass die physikalischen Gesetze im Martial-Arts-Film überstrapaziert werden, nämlich wenn Pai Mei sich mitten im Kampf auf ein Schwert stellt. Während sich die Soundeffekte und die Bilder an den asiatischen Vorlagen orientieren, wird die Hektik und Akrobatik des Kampfes auf musikalischer Ebene von Isaac Hayes' schwungvoller Titelmusik aus Duccio Tessaris *Three Tough Guys* (1974) eingefangen, einem Film, in dem ein Pater und ein ehemaliger Polizist sich an einer Gruppe von Gangstern für den Mord an einem Freund rächen. Einerseits funktioniert die Musik aufgrund ihrer Dynamik als treffender Soundtrack zum Kampf, andererseits sind Bilder und Musik in ihrem kulturellen Bezug in höchstem Maße disparat. Ähnlich wie im Endkampf des ersten Teils spiegelt die ambivalente Struktur der musikalischen Untermalung das paradoxe Verhältnis zwischen heterogenem Stilprinzip und homogenem Seheindruck, da die unpassende Musik hier in passender Weise das Gezeigte begleitet. Nicht nur determiniert in den Filmen also der Darstellungsraum das Genre, so dass die Montage von Räumen zu einer Verbindung von Gattungen führt, sondern die genrekonforme Gestaltung wird in einzelnen Szenen aufgebrochen und um genrefremde Elemente ergänzt. So werden bereits in der audiovisuellen Darstellung einzelner Szenen die Stile vermischt.

Der Einsatz der Musik ist äußerst vielschichtig, erfolgt jedoch meistens nach dem Prinzip der Verstärkung oder Paraphrasierung des Gezeigten. Größtenteils verwendet Tarantino dabei Musik aus anderen Filmen, vornehmlich Western. So unterlegt der pathetischerhabene Gesang aus Ennio Morricones *L'arena* aus dem Film *Il mercenario* (1968) von Sergio Corbucci den Ausbruch der lebendig begrabenen Braut aus dem Sarg; oder Bills Tod wird beispielsweise begleitet von Morricones gefühlvollem *The Demise of Barbara and the Return of Joe* aus dem Film *Navajo Joe* (1966) des gleichen Regisseurs. Diese Titel passen nicht nur musikalisch zu den Szenen, in denen sie erklingen, sondern auch ihre inhaltlichen Konnotationen sind stimmig, weil die Filme, die Tarantino für seine visuelle und musikalische Inszenierung plündert, größtenteils von Rache handeln – dem Grundmotiv des Western.

Wie facettenreich das Sounddesign insgesamt ist, zeigt die komische Szene, in der sich die Braut als Samurai-Kämpferin verkleidet an Budds Wohnwagen heranschleicht. Hier wechseln sich diegetische und nicht-diegetische Musik ab. Während nicht-diegetisch spannungsvolle, für den Film komponierte Musik von Robert Rodriguez erklingt, läuft in Budds Wohnwagen *A Satisfied Mind* von Johnny Cash. Das Stück nimmt Budds Genugtuung angesichts der bevorstehenden Gefangennahme von Beatrix vorweg, konterkariert das Figurenhandeln aber auch. Denn während der Song davon handelt, dass Geld nicht glücklich macht, hat Budd es vor allem darauf abgesehen, Beatrix' Schwert gewinnbringend zu veräußern. Das Lied wird nur von dem Kratzgeräusch eines Plattenspielers unterbrochen und es setzt kurzzeitig spannungsvolle Stimmungsmusik ein, als Budd aus dem Fenster blickt, worunter sich die Braut versteckt. Ihre Kopfbewegungen werden mit übertriebenen Zischgeräuschen begleitet. Hier wird auditiv auf dreifache Weise Komik erzeugt: erstens durch das unerwartete Kratzgeräusch, das die Braut ebenso innehalten lässt wie die Musik; zweitens durch den kontrastiven Musikwechsel; drittens dadurch, dass das auditive Stilmittel aus dem Martial-Arts-Film an dieser Stelle deplatziert wirkt – folgerichtig wird Beatrix den Regeln des Western-Genres gemäß bei ihrem Angriffsversuch mühelos über den Haufen geschossen.

V. Szenenanalyse

Budds Wohnwagen ist auch Schauplatz des Kampfes zwischen Beatrix und Elle Driver, der bei den *MTV Movie Awards* 2005 als bester Filmkampf des Jahres ausgezeichnet wird. In dieser Szene kulminiert die Komik des Films durch die hohe Dichte einzelner komischer Elemente. Ihr geht das Schlangenattentat an Budd voraus, das komisch wirkt, weil Elle Driver, während Budd stirbt, beiläufig referiert, was sie im Internet über die Giftigkeit der Schlange recherchiert hat. Als sie im Anschluss mit Bill telefoniert und der Zuschauer zum ersten Mal den richtigen Namen der Braut – Beatrix Kiddo – erfährt, wird eine kurze Rückblende eingefügt, die zeigt, wie Beatrix in der Schule von ihrer Lehrerin namentlich aufgerufen wird. Die Szene ist ebenfalls komisch, weil das Kind von Uma Thurman gespielt und der Reißschwenk auf sie mit einem quietschenden Soundeffekt unterlegt wird. Auf diese Weise wird die folgende absurde Kampfszene stimmungsmäßig grundiert: Sie wird nicht mit Pathos angekündigt, sondern startet völlig unerwartet mit einem Reißzoom auf die erschrockene Elle Driver, die den Wohnwagen verlassen will. Es folgt ein *point of view shot* der Eröffnungsattacke, in der die Füße der Angreiferin zu sehen sind, die in einer irrwitzigen Flugbahn auf Elle Driver zusteuern (siehe Abbildung 17). Die Einstellung wirkt unbeholfen und unrealistisch und treibt die Komik durch den starken Kontrast zu der ansonsten stilsicheren Inszenierung des Films weiter voran. In den Wohnwagen zurückgestoßen, versucht Elle Driver das Schwert aus der Scheide zu ziehen, stößt jedoch ein ums andere Mal an die Decke und Wände der engen Räumlichkeiten. Es entwickelt sich ein wilder Mix aus Kung-

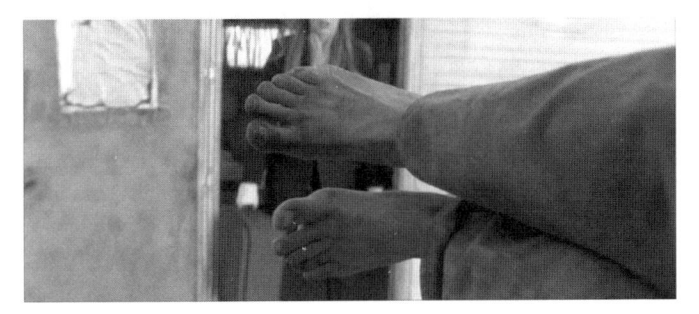

Abb. 17

Fu-, Faust- und Trittkampf, bei dem auch Tritte in den Schritt und Kopfnüsse nicht fehlen. Als die Frauen sich mit einem Fußtritt gegen die Brust gleichzeitig zu Boden strecken, folgt die einzige *split screen*-Einstellung des gesamten Films. Sie zeigt in äquivalenten Einstellungen das Hinfallen und Aufraffen der Kämpferinnen, was wie eine Slapstick-Einlage anmutet. Gleichzeitig funktioniert der *split screen* filmübergreifend als Erinnerungsmotiv, da im ersten Teil ebenfalls im geteilten Bildschirm gezeigt wird, wie Elle Driver die Braut im Krankenhaus aufsucht, um sie zu töten.

Die komische Überzeichnung des Kampfes, die die Gewalt ins Lächerliche zieht, setzt sich nahtlos fort: Zum Beispiel werden eine Stehlampe, eine Ladung Kaffee und eine Gitarre als Waffen benutzt. Des Weiteren setzt Elle Driver nun ihrerseits zu einem unrealistischen Sprungkick an, der mit einer dissonanten Passage aus Riz Ortolanis Titelmusik zu Tonino Valeriis *I giorni dell'ira* (1967) unterlegt wird. Dieser kündigt akustisch an, dass der Sprung schiefgehen wird, denn Beatrix weicht aus, packt die Kontrahentin und schleudert sie durch die Toilettenwand. Inmitten von Pornoheften tränkt sie deren Kopf ins Toilettenbecken, während Elle die Spülung betätigt, um atmen zu können. Als Elle plötzlich die Oberhand gewinnt, holt sie ihr Schwert, während Beatrix zufällig Budds Schwert entdeckt und an sich nimmt. Der nun folgende Showdown wird audiovisuell akribisch und spannungsvoll vorbereitet, nur um plötzlich auf groteske Weise beendet zu werden: Ennio Morricones martialisches *Silhouette of Doom* (aus Corbuccis *Navajo Joe*) leitet die Szene ein. Die Dramatik wird inhaltlich durch den Dialog zwischen beiden Frauen gesteigert, in dem Elle erzählt, wie sie Pai Mei vergiftet hat, weil dieser ihr ein Auge herausgerissen hat. Während die Musik dramatisch anschwillt, zoomt die Kamera im Schuss-Gegenschuss-Verfahren nahe an die Gesichter der Frauen heran: Beatrix bebt vor Zorn, Elle schmunzelt herablassend. Schließlich stürmen sie schreiend aufeinander los. Bevor sich jedoch ein spektakulärer Kampf entfaltet, setzt Beatrix der Auseinandersetzung ein jähes Ende, indem sie Elle plötzlich das verbliebene Auge herausreißt und in der Wiederholung der Tat ihres Meisters den Tod desselben rächt, zumal sie das Auge genüsslich mit dem Fuß zerquetscht. Das abrupte Ende des Kampfes weist formal bereits auf das Filmende voraus, an dem Tarantino die Erwartungen der Zuschauer an einen aufwändig inszenierten Endkampf auf vergleichbare Weise brüskiert.

Die Szene stellt eine Dekonstruktion der stilisierten Kampfszenen insbesondere aus dem ersten *Kill Bill*-Teil dar, denn zahlreiche komische und groteske Elemente ziehen den Kampf ins Lächerliche. Der Kampf ist unsauber, so wie der Ort, an dem er stattfindet, und folgt keinen ästhetischen oder generischen Regeln. Er wird nicht einmal konsequent zu Ende gebracht, denn das Schicksal von Elle Driver, die auf der Todesliste der Braut steht, bleibt offen, und das Chaotische des Kampfes spiegelt sich zuletzt in der wild um sich schlagenden und orientierungslosen Geblendeten, als Beatrix den Wohnwagen verlässt.

Death Proof (2007)

I. Handlung

Drei junge Frauen – Jungle Julia, Shanna und Arlene/Butterfly – sind mit dem Auto im texanischen Austin unterwegs und planen den gemeinsamen Abend. Sie landen zunächst in einem Café, später in einer mexikanischen Bar, wo sie Freunde treffen, tanzen, sich betrinken und kiffen. Jungle Julia, die als Radiomoderatorin tätig ist, hat am Morgen in ihrer Sendung angekündigt, dass der Mann, der ihre Freundin an diesem Abend als Butterfly anspricht und dabei eine Gedichtstelle rezitiert (aus Robert Frosts *Stopping by Woods on a Snowy Evening*), von ihr einen Lapdance erhält. Stuntman Mike, der am Tresen sitzt und die Frauen die ganze Zeit über beobachtet hat, erfüllt zwar die gestellten Anforderungen, der Tanz wird ihm dennoch zunächst versagt. Seine Schlagfertigkeit provoziert Butterfly aber dazu, schließlich doch noch für ihn zu tanzen. Im Anschluss macht Pam, eine Schulfreundin Julias und ebenfalls Gast in der Bar, von Mikes Angebot Gebrauch, sie nach Hause zu fahren. Dessen Wagen, ein 1970er Chevrolet Nova in Schwarz, ist bereits nach wenigen Minuten als eine Art Antagonist in den Film eingeführt worden. Mike erklärt ihr, was es mit seinem Wagen auf sich hat: Es ist ein Stuntauto, das todessicher ist („death proof"), weil es so hergerichtet ist, dass der Fahrer selbst bei schweren Unfällen unversehrt bleibt. Während der Fahrt entpuppt sich Mike plötzlich als Killer, der Pam durch seine Fahrweise tötet, weil ihr Kopf bei einer absichtlichen Vollbremsung auf die Innenraumverkleidung schlägt. Im Anschluss provoziert er einen tödlichen Unfall mit dem Auto der übrigen Mädchen, den er als Einziger überlebt.

Die zweite Hälfte des Films spielt vierzehn Monate später in Lebanon, Tennessee. Mike, der jetzt einen 1969er Dodge Charger fährt, hat erneut eine Gruppe von Frauen im Visier: Abernathy, Lee, Kim und Zoë. Abernathy und Lee sind Schauspielerinnen, Kim und Zoë Stuntfrauen. Zoë will unbedingt eine Testfahrt mit einem weißen 1970er Dodge Challenger unternehmen, der in der Nähe zum Verkauf angeboten wird, und dabei einen Stunt auf der

Motorhaube vollführen – den sogenannten „ship's mast". Sie lassen Lee, das Dummchen der Gruppe, als ‚Pfand' bei dem Besitzer zurück und beginnen die Testfahrt, auf der sie von Stuntman Mike überrascht werden, der sie wiederholt rammt. Als er plötzlich von Lee angeschossen wird und entsetzt die Flucht ergreift, nehmen die drei Frauen die Verfolgung auf, bringen Mike durch einen Unfall zum Stehen, zerren den Schwerverletzten aus dem Auto und prügeln ihn zu Tode.

II. Produktion und Rezeption

Tarantino und sein Freund und Regiekollege Robert Rodriguez haben eines Tages die Idee, ein *double feature* zu drehen, das heißt zwei Spielfilme, die unmittelbar nacheinander in den Kinos gezeigt werden sollen. Es handelt sich bei *Death Proof* und *Planet Terror*, dem Beitrag von Rodriguez, aber nicht bloß um eine Hommage an Exploitation-Filme, sondern um den Versuch der Rekonstruktion eines kompletten Abends im sogenannten Grindhouse-Kino, einem runtergekommenen Lichtspielhaus für billige Filme. *Grindhouse* lautet dementsprechend auch der Titel des gemeinsamen Projektes, das neben den beiden Hauptfilmen auch Trailer zu fiktiven Filmen umfasst (zum Beispiel zu *Werewolf Women of the SS* mit Udo Kier). Dabei erregt insbesondere der Trailer zu *Majete* mit Danny Trejo so viel Aufmerksamkeit, das Rodriguez den Film zur Vorschau drei Jahre später nachliefert. Charakteristisch für *Death Proof* und Rodriguez' Zombie-Film ist die absichtliche Beschädigung des Filmmaterials (bei Rodriguez wesentlich durch Spezialeffekte, bei Tarantino von Hand). Diese nachlassende Bild- und Tonqualität der Kopien von Exploitation-Filmen war typisch für das Grindhouse-Kino, weil dort eine Vorstellung auf die andere folgte und die Filmrollen entsprechend stark beansprucht wurden. Am Vorbild orientiert ist auch die Montage bei Rodriguez und Tarantino, die an zahlreichen Stellen absichtlich fehlerhaft ist und falsche Anschlüsse erzeugt. Selbst der aus dem Grindhouse-Kino bekannte Verlust von Filmrollen wird suggeriert: In *Planet Terror* wird der Hinweis darauf, dass eine Filmrolle fehle, ausgerechnet während einer Beischlafszene eingeblendet, die somit ein abruptes Ende findet. In der *Grindhouse*-Version von *Death Proof* wird mit diesem Trick die Herausnahme der Lapdance-Szene begründet.

Die Rollen von Mike und Zoë schreibt Tarantino den Darstellern auf den Leib: Kurt Russell möchte er endlich einmal wieder in einer Rolle als Schurken sehen wie in John Carpenters *Escape from New York* (1981), und Zoë Bell, die gar keine Schauspielerin, sondern Stuntfrau ist, hat ihn als Stunt-Double für Uma Thurman in den *Kill Bill*-Filmen so beeindruckt, dass er ihr nun ein filmisches Denkmal setzen möchte. Darüber hinaus verfolgt er mit ihrer Besetzung aber ebenso die Absicht, die Sehgewohnheiten der Zuschauer zu irritieren.[1] Mit *Death Proof* erfüllt sich Tarantino zudem drei Wünsche: Er dreht erstens eine wilde Verfolgungsjagd nach alter Schule – ohne Computereffekte, hektische Montage oder eine Vielzahl von Kameras.[2] Zweitens realisiert er endlich einen *slasher*-Film – wenigstens zum Teil. Tarantino findet die generischen Vorgaben dieses Horror-Subgenres sehr rigide, weil die Handlung hier meist vorhersehbar auf die übertrieben blutige Ermordung hübscher junger Frauen zusteuert, und verwendet daher bloß einige Versatzstücke, mit denen er erzählerisch experimentiert. Drittens übernimmt er erstmals die Rolle des Kameramannes.

Grindhouse kostet über fünfzig Millionen Dollar, ist aber an den Kinokassen nicht sehr erfolgreich. Die B-Kino-Liebhaber Tarantino und Rodriguez scheinen die Begeisterungsfähigkeit des breiten Publikums für B-Filme und für ihr spezielles Projekt zu überschätzen. Tarantino selber führt den mangelnden Erfolg allerdings nicht auf fehlendes Interesse, sondern darauf zurück, dass generell nur wenige Kinobesucher zwei Filme hintereinander sehen möchten.[3] Gemeinsam mit dem Verleih beschließen die Regisseure, die Filme außerhalb der Vereinigten Staaten sowie auf DVD separat zu veröffentlichen. Hierfür erstellt Tarantino eine um eine halbe Stunde erweiterte Schnittversion. Die längere Fassung von *Death Proof* wird sogar auf dem Filmfestival in Cannes als bester Film für die Goldene Palme nominiert. Repräsentativ für die Preiswürdigkeit des Films ist die Nominierung aber nicht, denn während beispielsweise die beiden *Kill Bill*-Teile mit insgesamt mehr als hundert Nominierungen und Preisen bedacht werden, erhält *Death Proof* als Einzelfilm neben besagter Nominierung nur zwei weitere. Auch das *Grindhouse*-Projekt als Ganzes verbucht kaum mehr Auszeichnungen für sich.

Schon an den *Kill Bill*-Filmen war Substanzlosigkeit bemängelt worden. Die wird Tarantino mit Bezug auf *Death Proof* jedoch bloß noch vereinzelt vorgeworfen, weil sie hier durch den *Grindhouse*-Rahmen explizit zum ästhetischen Prinzip erklärt wird. Die Besprechungen sind insgesamt gespalten. Wer sich von den Kritikern für *Planet Terror* begeistert, verreißt *Death Proof*, und wer Tarantinos Film etwas abgewinnt, lässt an Rodriguez' Arbeit kein gutes Haar. Dies hat mit der Erwartungshaltung des Publikums zu tun: Wer zwei Exploitation-Filme anschauen möchte, bekommt bloß mit *Planet Terror* einen zu sehen, und wer eine zeitgemäße, reflektierte Auseinandersetzung mit den *Grindhouse*-Filmen erwartet, wird nur bei *Death Proof* teilweise fündig. Kohler schreibt hierzu: „Während Rodriguez seinen Vorbildern treu bleibt […], inszeniert Tarantino die Anführungszeichen immer gleich mit. Man hat keine Sekunde das Gefühl, tatsächlich einem schmutzigen Stück Exploitation-Kino beizuwohnen […]."[4] Während bei vielen Filmliebhabern *Planet Terror* der beliebtere Film ist, bilden sich die positiven Besprechungen von *Death Proof* vor allem durch die Abgrenzung zu Rodriguez' Film im Feuilleton heraus. So lobt Lou Lumenick von der *New York Post* beispielsweise die reflektierte und auf das zeitgenössische Publikum abgestimmte Zitierlust Tarantinos.[5] Todd McCarthy von der *Variety* hebt positiv die unterhaltsamen Dialoge hervor[6], die andere Kritiker wiederum als banal und langweilig einstufen. Roger Ebert von der *Chicago Sun-Times* findet die Filme zugleich „impressive and disappointing"[7]: Handwerklich seien die Filme herausragend, aber insgesamt fielen sie im Vergleich zu den anderen Filmen der Regisseure jeweils ab. Tarantino selbst wird vermutlich am besten gefallen haben, was David Denby im *New Yorker* über diejenige Szene geschrieben hat, die dem Regisseur am wichtigsten ist – die Verfolgungsjagd: „Nothing quite this exciting has been seen since Steven Spielberg's 1971 film *Duel*."[8]

III. Inhaltliche Analyse

In der oben besprochenen Kritik aus der *Variety* moniert Todd McCarthy den mangelnden psychologischen Realismus der Darstellung. Er fragt sich, warum Kim nicht einfach den Wagen bremst, als dieser von Mikes Wagen gerammt wird, weil die Weiterfahrt für Zoë, die ungesichert auf der Motorhaube liegt, lebensgefährlich ist. Dies liegt an den ästhetischen Spielregeln des Films. Zoë wird als tollpatschig beschrieben, aber auch als katzenhaft, denn sie landet immer unversehrt auf den Füßen. So wie die Inszenierung der Verfolgungsjagd ohne Spezialeffekte für Tarantino eine Herzensangelegenheit ist, dient die Rolle der Stuntfrau vor allem dazu, die Geschichte auf einen waghalsigen Stunt hinauslaufen zu lassen. Die Handlung ist dafür Mittel zum Zweck. Weil die Verfolgungsjagd und der Stunt selbstzweckhaft sind, lässt sich der Maßstab des Realismus hier nicht ansetzen. Vielmehr wäre eine vollständige und plausible inhaltliche Motivierung des Gezeigten inkonsequent im Sinne der ästhetizistischen Darstellung. Dafür muss sich Tarantino allerdings den Vorwurf der Substanzlosigkeit gefallen lassen. Gleiches gilt für die zahlreichen Dialoge des Films, die zwar geschliffen und witzig, aber für den Verlauf der Handlung oder die Charakterisierung der Figuren nicht sehr relevant sind. Auch die unzähligen Anspielungen auf Postern, Bildern, Zeitschriften und in der Figurenrede erschöpfen sich weitgehend im Zitat und werden inhaltlich kaum funktionalisiert. Es sind „Referenzen ohne Bedeutung".[9]

Inhaltlich relevant sind dagegen die Genrebezüge. Tarantino fügt Versatzstücke aus *slasher-* und *car chase-*Filmen zusammen und richtet die erzählerische Grundstruktur hiernach aus. In der ersten Hälfte ist die Darstellung der Mädchen ein typisches Element des Teenie-Horrorfilms, weil auf die sorglosen albernen Gespräche, die sich um Jungs und Genussmittel drehen, die plötzliche Massakrierung durch den Killer im Schutz der nächtlichen Dunkelheit folgt. In der zweiten Hälfte ist Mike hingegen gar nicht mehr darauf aus, die Mädchen zu töten, so als habe die Figur ein metafiktionales Bewusstsein von der Genreverschiebung, deren Teil sie ist. Die Vorlagen der zweiten Hälfte sind Filme wie *Vanishing Point* (1971), aus dem der weiße 1970er Dodge Challenger stammt, *Dirty Mary Crazy Larry* (1974) oder *Gone in 60 Seconds* (1974), die Zoë im Film explizit als ihre Lieblingsfilme bezeichnet. Tarantino schlachtet diese Filme nicht etwa inhaltlich aus, wie er es zum Beispiel mit den jeweiligen Vorlagen in den *Kill Bill*-Teilen tut, sondern die Bezugnahme erschöpft sich in der zur Schau gestellten Schwärmerei, die in der eigenen Inszenierung einer Verfolgungsjagd gipfelt. Die Figuren aus *Death Proof* sind nicht diesen Filmen entlehnt,

Abb. 18

sondern es sind Figuren, die sich wie Tarantino selbst für diese Filme begeistern. Der Film stellt dies im Zeitalter von Handys, iPods und CGI (*computer-generated imagery*) selbstironisch als unzeitgemäß aus. So wird Stuntman Mike in der mexikanischen Kneipe als schräger Vogel aus einer vergangenen Zeit belächelt: „The dude fucking cut himself falling out of his time machine." Mike repräsentiert das analoge Filmzeitalter, das ohne Computertechnik auskommt. Er ist eine höchst symbolische Figur, deren Identität ausschließlich durch ihren Beruf bestimmt wird. So stellt er sich nie mit seinem bürgerlichen Namen Mike McKay, sondern stets als Stuntman Mike vor. Die pathologische Dimension der Figur ist eher unerheblich: Warum Mike die Mädchen töten möchte, ist unklar. Vielmehr scheint seine persönliche Motivierung durch die Vorgaben des Genres bestimmt zu sein. Dies wird auch deutlich, wenn Mike, nachdem Pam in sein Auto gestiegen ist, wie zum Beweis eines Bündnisses mit dem Zuschauer fiktionsbrechend in die Kamera lächelt (siehe Abbildung 18). Dass es Tarantino nicht auf die psychologische Tiefe seiner Figuren ankommt, wird insbesondere durch das Ende ausgestellt. Die absurde Gewalt, die die drei Mädchen an Mike verüben, ist an Russ Meyers *Faster, Pussycat! Kill! Kill!* (1965) angelehnt, einen B-Film über mordlüsterne Frauen mit großen Brüsten in schnellen Autos. *Death Proof* endet unmittelbar, nachdem Mike getötet wurde, das heißt es gibt keine ausklingende Dramaturgie, die an die Haltung oder Befindlichkeit der Figuren geknüpft wäre. Die Verfolgungsjagd ist zu Ende, der Killer tot, der Film ist aus. *Death Proof* bezieht seine finale Spannung aus dem Duell der Autos, das um des Duells willen inszeniert und nur rudimentär in die Handlung eingeflochten wird. Dies stellt der Film mit dem plötzlichen Ende offen aus.

Die inhaltliche Zweiteilung des Films folgt auch einer Logik der Konstruktion und Dekonstruktion von Geschlechterbildern. Während Mike im ersten Teil durch seine Fahrkünste Macht über Leben und Tod ausübt und die jungen Frauen zu wehrlosen Opfern macht, erweisen sich die Frauen des zweiten Teils als ebenbürtige Fahrerinnen und Stuntfrauen – mit Ausnahme von Lee, die von ihren Freundinnen ein ums andere Mal aufs Korn genommen und schließlich dem Redneck überlassen wird. Sie kennen sich außerdem wie Mike, der in der ersten Hälfte John Wayne in dessen Western-Rollen imitiert, ohne dass die Frauen hierauf merklich reagieren, in der Filmgeschichte aus und sind damit für den finalen Zweikampf, in dem ausschließlich nach filmischen Regeln gekämpft wird, bestens gerüstet. Mike wird im Verlauf des Finales vom Draufgänger nach Western-Art zu einem larmoyanten Feigling, der neben seiner fahrerischen Überlegenheit auch seine rhetorische Souveränität einbüßt.

In den zahlreichen, spritzigen und unverkennbar tarantinoesken Dialogen des Films gibt sich einmal mehr der leidenschaftliche Drehbuchschreiber zu erkennen. Die Gesprächsszenen in den Bars und Autos erinnern an die entsprechenden Szenen aus *Reservoir Dogs*, wo einerseits popkulturelle Bezüge hergestellt und andererseits schlüpfrige Geschichten erzählt werden. Mit Ausnahme von Mike werden die Männer dabei zu jungenhaften Bittstellern, die willkürlich zum Küssen oder zu einer Party mitgenommen werden. Auch in der ersten Filmhälfte dominieren die Frauen die Männer körperlich und rhetorisch – bis Mike ihnen mit seiner verbalen Showeinlage den Rang abläuft und beim anschließenden Unfall die Frauenkörper zerstört.

IV. Audiovisuelle Analyse

Körperlichkeit wird in *Death Proof* auffällig in Szene gesetzt: in der ersten Filmhälfte durch die visuelle Sexualisierung und abschließende Zerlegung der weiblichen Körper, in der zweiten durch die

Amalgamierung von Auto und Frauenkörper. Insbesondere im ersten Filmteil gehorcht die Inszenierung der Körperlichkeit der Tarantino-typischen Dynamik von Setzung und Aufhebung, die auch das Verhältnis der Filmteile zueinander bestimmt. Zu der sexualisierten Darstellung tragen vor allem die leitmotivisch eingesetzten Nahaufnahmen hoch- und übereinandergelegter Füße und die wiederholt in Nahaufnahmen zur Schau gestellten Frauengesäße bei. Dieser ‚männliche' Blick wird insbesondere inhaltlich durch die Vertauschung der Geschlechterklischees konterkariert, aber auch audiovisuell in einzelnen Szenen. Beispielsweise gerät am Anfang während einer Kamerafahrt durch ein Fenster Jungle Julias bloß mit einem kurzen Slip bekleidetes Hinterteil groß in den Blick, wenn sie ihre Freundinnen auf der Straße erblickt. Die Dekonstruktion der visuellen Sexualisierung des Körpers leistet hier Arlenes Figurenrede, denn sie sagt, während sie mit einer Hand im Schritt über die Straße eilt, dass sie dringend auf die Toilette muss: „Hold on, I've got to come up. I've got to take the world's biggest fucking piss!" Später ist es Arlene selbst, die als Lustobjekt in Szene gesetzt wird: Während des Lapdances zieht Tarantino alle Register zur sexuellen Aufladung der Szene. Der zentrale erotische Aspekt ist allerdings die Intention der Tanzenden, sich aufreizend in Szene zu setzen, so dass der männliche Blick von der Frau selber kultiviert wird. Außerdem ist die erotische Performance ein Arrangement der Radiokommentatorin Julia, die die Aufführung akribisch geplant und die Regeln des Spiels festgelegt hat. Für den Tanz wird Mike auf einen Stuhl in der Mitte der Bar platziert. Durch die Aufführungssituation und seine Zuschauerrolle wird Mike mit dem realen Zuschauer identifiziert, der dessen männlichen Blick übernimmt: Die audiovisuelle Gestaltung erscheint als lustvolles Seh- und Hörerlebnis aus subjektiver, männlicher Perspektive. Andererseits wird auch die Lust an der Aufführung vermittelt. Diese doppelte interne Fokalisierung wird durch den Umstand ausgedrückt, dass in dem Song (*Down in Mexico* von The Coasters), der aus der Jukebox erklingt, das lyrische Ich in einer mexikanischen Bar von einer attraktiven Frau angetanzt wird. Die Perspektivierung des Songs entspricht also der Sicht von Mike. Andererseits ist es gerade Arlene, die zu dem Lied ihre Lippen bewegt. Auf diese Weise werden der lustvolle männliche Blick und das lustvolle weibliche Blickarrangement audiovisuell miteinander identifiziert. Die Szene wird durch den plötzlichen, visuell und akustisch unsauberen Anschluss der nächsten Szene abgebrochen, was die Erotik der Szene zwar nicht unterminiert, sie aber im Nachhinein ironisch kommentiert. Die Ästhetisierung des weiblichen Körpers selbst wird also nicht ironisch gebrochen – männlich dominiert erscheint der inszenierende Blick hier dabei nur deswegen nicht, weil er von Frauenhand gelenkt wird.

Mit der gleichen Hingabe inszeniert Tarantino im Anschluss in einer ästhetischen Inversion die Zerstörung der weiblichen Körper in der Unfallszene. Die kurze Dauer des Unfalls wird durch eine viermalige Wiederholung, bei der jede Körperfragmentierung genau dokumentiert wird, künstlich in die Länge gezogen. Außerdem wird die Szene audiovisuell als Duell mit dramatischem Höhepunkt gestaltet: Mike hält mit dem Wagen zunächst auf der Straße, lässt den Motor aufheulen und fährt mit quietschenden Reifen auf den Wagen der Mädchen zu. Die Schnittfolge wird schneller, je näher sich die Autos kommen, und kurz vor dem Aufprall drehen die Mädchen die Radiomusik noch lauter auf, so dass der Unfall als audiovisueller Höhepunkt markiert wird. Jede der vier Wiederholungen des Aufpralls startet mit einer Einstellung von Mikes Hand, die das Scheinwerferlicht einschaltet, wie um die Bühne für die nun folgende Performance zu beleuchten. Die Zerstörung der Körper wird mit hohem audiovisuellen Aufwand gezeigt: In verschiedenen Kameraeinstellungen, aus unterschiedlichen Blickwinkeln, in Zeitlupe und mit je charakteristischem Schwerpunkt. Beispielsweise verliert Jungle Julia ihr Bein, das sie lässig aus dem Fenster gehängt hat, und Arlene verliert ihr Gesicht, weil ein Rad darüber fährt. Insbesondere diese Einstellung, in der *slasher-* und *car chase-*Film auf bizarr-originelle Weise zusammengebracht werden, überzeichnet die Darstellung der Gewalt ins Groteske. Wie bei der Tötung von Pam wird die Gewalt, dem *slasher-*Genre gemäß, offen gezeigt. Was hierbei fehlt, ist der komische Anklang, den beispielsweise die comicartige Gewaltdarstellung in *Kill Bill: Vol. 1* ausmacht. Trotz der bizarren Einfälle ist die Inszenierung der Körperverstümmelungen so realistisch, dass sich kein erleichternder komischer Effekt einstellt, sondern die Szene ungebremst auf den Magen schlägt. Anders verhält es sich mit der Schlussszene in der zweiten Filmhälfte, denn die übertriebenen Schlaggeräusche, die schnellen Schnitte und der *freeze frame*, mit denen Mikes Prügel dargestellt werden, nehmen der Szene die unangenehme Spitze. Diese komische formale Rahmung brutaler weiblicher Gewalt wird im Abspann von dem ambivalenten, witzig-bedrohlichen Song *Chick Habit* von April March aufgegriffen.

Der größte Teil der Musik erklingt diegetisch in der mexikanischen Bar – aus Quentin Tarantinos eigener Jukebox – und wird daher willkürlich, stimmungsmäßig und ohne inhaltliche Funktion gespielt. Andere Szenen zeichnen sich aber durch komplexes Sounddesign und horrorfilmmäßige Verwendung der Musik aus. Zum Beispiel wird der Wagen von Mike nach etwa zehn Minuten als bedrohlicher Antagonist in den Film eingeführt. Als er auf Höhe der Bar hält, vor deren Tür sich Arlene eine Zigarette genehmigt, und kurz den Motor erdröhnen lässt, erklingt nicht-diegetisch eine bedrohliche Stimmungsmusik, bei der es sich um eine kurze Passage aus Ennio Morricones *Paranoia prima* aus Dario Argentos Mysterythriller *Il gatto a nove code* (1971) handelt. Es scheint hier zwar musikalisch Arlenes Furcht ausgedrückt zu werden (als Arlene später von Mike gefragt wird, ob seine Narbe ihr Angst mache, antwortet sie, dass es nicht die Narbe, sondern der Wagen sei, der sie ängstige), allerdings dreht sie sich desinteressiert weg, als der Wagen mit quietschenden Reifen davonfährt. Da die Musik hier schlagartig aussetzt und von einer gerade abklingenden Musik, die offenbar diegetisch in Mikes Auto läuft, abgelöst wird, illustriert der Musikwechsel insbesondere Arlenes Ahnungslosigkeit, so dass die bedrohliche Musik rückwirkend auktorialen Charakter erhält. Sie reflektiert nämlich weniger die Angst von Arlene, die von dem Auftritt des Wagens und seines Fahrers eher irritiert zu sein scheint, sondern vermittelt dem Zuschauer vielmehr, dass dem schwarzen Wagen und seinem Fahrer im Film die Rolle des bösen Gegenspielers zufällt. Wie um die Aufmerksamkeit des Zuschauers von dem Vorkommnis abzulenken – ebenfalls eine typische Erzählstrategie im Horrorfilm –, startet die Folgeszene in der Bar mit auffälligen Schnitt- und Materialfehlern. Ein Satzanfang ist zum Beispiel dreimal zu hören und auf dem Filmbild sind zahlreiche Schlieren und Kratzer zu sehen.

Solche fingierten technischen Fehler häufen sich am Filmbeginn und werden im weiteren Filmverlauf konsequent reduziert. Dies ist typisch für Tarantinos Stil: Er legt seine Bezüge offen und stellt seine Liebhaberei aus, indem er den Film stellenweise wie ein B-Movie aussehen lässt. Da die Fehler aber bloß sporadisch eingesetzt werden, beeinträchtigen sie die Illusionsbildung kaum; ihre Funktion ist das Zitat, nicht die Irritation. Handwerklich grenzt sich der Film also deutlich von den Filmen ab, die er stilistisch und inhaltlich in Erinnerung ruft. Tarantino dreht eben keinen B-Movie, sondern einen Film, der technisch höchst anspruchsvoll ist und inhaltlich nicht in einer Wiederholung der Inhalte aus B-Filmen besteht, sondern in Tarantino-typischen Dialogen, die besagte Filme zum Teil thematisieren und dadurch Tarantinos Liebhaberei auch auf der Handlungsebene ausstellen.

V. Szenenanalyse

Der Filmanfang ist in besonderer Weise programmatisch für den Gesamtfilm, da er das ästhetische Verfahren und die zentralen Motive einführt. Nach dem auch in den *Kill Bill*-Filmen eingesetzten „OUR FEATURE PRESENTATION"-Einspieler aus den 70er Jahren folgt eine typische Zeichentricksequenz aus derselben Zeit, mit der die Altersbeschränkung des Films mitgeteilt wird. Die Fiktion der erzählten Handlung wird also von der Fiktion einer Grindhouse-Aufführung gerahmt: Zitiert werden soll nicht nur der Grindhouse-Film, sondern auch das Kinoerlebnis selbst. Im Anschluss schlägt der Vorspann mit einer fehlerhaften Montage den verspielten Grundton des Films an. Der vermeintliche Schnittfehler besteht darin, dass zwei Einstellungen mit den Namen der Produktionsfirma Troublemaker so aneinandergeschnitten werden, dass der Eindruck entsteht, die zweite Einstellung solle die erste ersetzen und sei verspätet montiert worden. Dies ist ein ironischer Verweis auf die verwickelten Produktionsgeschichten mancher B-Filme, die oftmals komplett umgeschnitten oder unter neuen Titeln ein weiteres Mal veröffentlicht wurden. Hierauf spielt Tarantino auch bei der später folgenden Einblendung des Filmtitels an.

Bereits die erste Einstellung nimmt die Themen des Films vorweg. In einem *point of view shot* aus dem Beifahrersitz eines Autos wird der Blick auf die Straße von nackten wippenden Frauenfüßen verstellt, womit die zentralen inhaltlichen Motive der Autofahrt und der sexualisierten Darstellung weiblicher Körper im Bild vereint werden. Das Fahrerlebnis wird auch auditiv konnotiert durch die Geräusche eines dröhnenden Motors, die in den Song *The Last*

Abb. 19

Race von Jack Nitsche übergehen, der Titelmusik von Bert I. Gordons trashiger Fantasykomödie *Village of the Giants* (1965). Über das Bild wird nun in comicartiger Schrift der vermeintlich ursprüngliche Titel des Films, *Thunderbolt*, gelegt, der aber unmittelbar von einer schwarzen Einstellung abgelöst wird, die den endgültigen Titel *Death Proof* zeigt (siehe Abbildungen 19 und 20). Tarantino verweist hier selbstironisch auf die für erfolglose B-Filme gängige Praxis der Neu-Betitelung durch nachträglich eingefügte Schrifttafeln.

Die nächste Einstellung greift die Dynamik der Autofahrt auf und treibt sie visuell weiter an. Eine Kamerafahrt zeigt in Nahaufnahme über einen Wohnungsboden laufende Frauenfüße, schwenkt dann nach oben und fängt ein, wie die halbnackte Jungle Julia sich gerade ein Oberteil anzieht. Die Bewegung des Kamerabildes wird ebenso wie die Figurenbewegung verdoppelt, so dass allgemein der Eindruck von Geschwindigkeit und einem hohen Erzähltempo entsteht. Außerdem wird hier der sexualisierte Blick auf den Frauenkörper etabliert. Dies wird auch treffend durch einen Einrichtungsgegenstand symbolisiert, der nun in Großaufnahme gezeigt wird: eine leicht bekleidete Jungle-Julia-Figur mit wackelndem überdimensionierten Kopf, die erstens die Dynamik der Inszenierung aufnimmt und zweitens den Eindruck erweckt, neckisch für die Kamera zu posieren.

Die Folgeeinstellung ist ein *point of view shot* aus dem Auto von Stuntman Mike. Es wird zwar der Eindruck von Subjektivität vermittelt, aber die personale Zuordnung bleibt unbestimmt, da die Figuren noch nicht in die Geschichte eingeführt worden sind. Ers-

Abb. 20

tens wird hierdurch ausgedrückt, dass die Handlung des Films durch die Autos, nicht durch die Figuren bestimmt wird. Zweitens wird der Zuschauer förmlich eingeladen, in den Autos Platz zu nehmen, das heißt: sich treiben zu lassen vom Film und ihn als Geschwindigkeitserlebnis zu begreifen. Tempo und Dynamik sind die prägenden Faktoren des Vorspanns und weisen auf die Fahrtszenen voraus, denn der Film selber vermag das Versprechen auf eine temporeiche Inszenierung letztlich nicht einzulösen. Den Abschluss des Vorspanns bildet jene bereits angesprochene Szene, in der eine dynamische Kamerafahrt das Hinterteil Julias präsentiert, bevor die Fahrerin und Beifahrerin des Autos als Figuren eingeführt werden – mit einem dringenden Anliegen, das der gesamten Dynamik der Sequenz auf witzige Weise eine neue Bedeutung verleiht, so als habe die schnelle Autofahrt ihren Grund nur darin gehabt, dass jemand dringend austreten musste. Dieser Eindruck wird durch eine Nahaufnahme der trippelnden Füße Arlenes in einer zügigen Kamerafahrt gestützt, auf die eine Nahaufnahme von Arlenes Schritt folgt, in den sie ihre Hand gepresst hält, wodurch die mitreißende Dynamik des Filmbeginns deutlich ironisiert wird.

Für die Handlung ist der Einstieg irrelevant. Seine Funktion besteht darin, den Film stimmungsmäßig zu grundieren und die ästhetische Verfahrensweise der Dekonstruktion des Erhabenen und Ernsten zu etablieren, die einzelnen Szenen des Films ebenso eingeschrieben ist wie der filmischen Struktur im Ganzen und die insbesondere im trashigen Ende wiederkehrt. Auf die inhaltliche Zurückweisung der Ernsthaftigkeit der Darstellung folgt die formale: Mit einem harten Schnitt, der auf der Tonebene mit einem Fehler verbunden ist, geht die Einstellung von Arlene in die Totale einer Stadtaufnahme über, womit die nächste Szene beginnt. Dies ist in zweifacher Hinsicht für die gesamte Filmerzählung charakteristisch. Erstens sind die abgeschlossenen Sequenzen handwerklich im Wesentlichen störungsfrei umgesetzt, während die missratenen Anschlüsse mangelnde Professionalität suggerieren – jedoch gerade an den Nahtstellen, wo sie die Illusionsbildung kaum beeinträchtigen. Zweitens zeigt die Aufnahme das Alamo Drafthouse Cinema in Austin, ein Kino, in dem Tarantino selbst regelmäßig ein Filmfestival veranstaltet, für das er eine Filmauswahl aus den Kopien trifft, die er in Besitz hat. Filmwelt und Realität werden hier zu einer Hommage überkreuzt, die die audiovisuelle Spezifik des Films als Stilzitat markiert.

Inglourious Basterds (2009)

I. Handlung

Inglourious Basterds ist kein realistischer Film über den Zweiten Weltkrieg, aber er spielt zur Zeit des Zweiten Weltkriegs. Tarantino schreibt die Geschichte des Nationalsozialismus um, könnte man sagen, wenn es ihm um Geschichtsschreibung ginge. Aber er hat mit *Inglourious Basterds* einen Film vorgelegt, der wie die *Kill Bill*-Filme ein Spiel mit Racheplot und Filmzitaten ist. Der Titel ist dem italienischen Low-Budget-Film *Quel maledetto treno blindato* (1978) von Enzo G. Castellari entlehnt, der auf dem amerikanischen Markt auch unter dem Titel *The Inglorious Bastards* erschienen ist und ebenfalls während des Zweiten Weltkriegs in Frankreich spielt. (Tarantino ändert die Schreibweise gegen die Regeln der Orthografie und sichert sich damit einen unverwechselbaren Filmtitel.) Inhaltlich ist Tarantinos Film teilweise von diesem, teilweise von Robert Aldrichs Kriegsactionklassiker *The Dirty Dozen* (1967) inspiriert, in welchem zwölf Schwerverbrecher ein Schloss in Frankreich sprengen sollen, weil sich dort einflussreiche Nazi-Offiziere aufhalten.

Inglourious Basterds handelt von Nazi-Oberst Hans Landa, der die jüdische Familie Dreyfus 1941 in Frankreich aufspürt und ermordet, während eine Tochter, Shosanna, nach Paris fliehen kann, wo sie als Kinobesitzerin die Gelegenheit nutzt, sich an den Nazis zu rächen. Titelgebend ist die Spezialeinheit Leutnant Aldo Raines, die sich ebenfalls an den Nazis rächen will. Der Film gliedert sich in fünf Kapitel mit eingeschobenen Titelüberschriften. „Chapter One – Once upon a time... in Nazi-occupied France": Der als „jewhunter" bekannte Landa stattet dem französischen Bauern Perrier LaPadite einen Besuch ab, um die Dreyfuses, die sich in seinem Keller versteckt halten, aufzuspüren und mit Ausnahme von Shosanna zu ermorden. „Chapter Two – INGLOURIOUS BASTERDS": Leutnant Raine fordert drei Jahre später seine acht-köpfige, jüdisch-amerikanische Truppe dazu auf, die Nazis zu bekämpfen und zu skalpieren. Soldat Butz berichtet Adolf Hitler, wie Offizier Rachtmann vom sogenannten „bear jew" mit einem Baseballschläger erschlagen worden ist, weil er sich geweigert hat, Informationen über den Standort der nahegelegenen Nazi-Patrouille mitzuteilen. Butz überlebt, weil er den Basterds daraufhin die geforderten Auskünfte gibt, wird jedoch mit einem Hakenkreuz auf der Stirn gebrandmarkt. „Chapter Three – GERMAN NIGHT IN PARIS": Ebenfalls 1944 lernt Shosanna, die inzwischen unter einem Decknamen ein Kino führt, in Paris Fredrick Zoller kennen, dessen Verdienste als Scharfschütze in einem fiktiven Propaganda-Film namens *Stolz der Nation* auf seinen Wunsch hin in ihrem Lichtspielhaus gezeigt werden sollen. „Chapter Four – OPERATION KINO": Leutnant Hicox wird vom britischen General Fenech beauftragt, gemeinsam mit den Basterds und der Schauspielerin Bridget von Hammersmark, die ebenfalls mit den Alliierten kooperiert, die Nazis während der Filmvorführung zu attackieren. SS-Offizier Hellstrom deckt die falsche Identität Hicox' während eines geheimen Treffens in einer französischen Taverne auf. Es folgt eine Schießerei, die nur die Schauspielerin überlebt. Oberst Landa kommt ihr jedoch auf die Spur. „Chapter Five – REVENGE OF THE GIANT FACE": Als sie zur Filmvorführung erscheint, wird sie von ihm überführt und erwürgt. Zwei der Basterds, die sie als Filmcrew begleitet haben, werden festgenommen, zwei weitere führen das Attentat durch. Landa lässt sie gewähren und handelt mit den Basterds aus, dass er sich nach Ende des Krieges die Kooperation gegen die Nazis als Verdienst anrechnen lassen kann und für seine Verbrechen nicht belangt wird. Die Basterds triumphieren aber am Ende über Landa, indem sie ihm ebenfalls ein Hakenkreuz in die Stirn ritzen. Zuvor wird gezeigt, wie Shosanna Zoller erschießt und mithilfe ihres Kollegen und Geliebten Marcel das Kino abbrennen lässt. Hier kommt es zum sogenannten Vergeltungsschlag des Riesengesichts, denn plötzlich ist auf der Leinwand Shosanna selbst zu sehen, wie sie ihre Rache erklärt.

II. Produktion und Rezeption

Für Tarantino ist es eine besondere Erfahrung, angesichts der Nazi-Thematik einen Film in Deutschland mit deutschen Schauspielern zu machen und ihn in einem deutschen Kino zu sehen. Aus seiner Sicht mochte das Publikum den Film bei seiner Deutschland-Premiere in Berlin, war stolz auf seine Jungs (Christoph Waltz, August Diehl, Daniel Brühl etc.) und hatte das befriedigende Gefühl, trotz der heiklen Materie lachen zu dürfen.[1]

Tarantinos Motivation, den Film zu machen, besteht darin, eine Geschichte über den Zweiten Weltkrieg erzählen zu können, in der die Nazis die Besiegten sind. Er arbeitet zwischen anderen Produktionen (u. a. *Kill Bill* und *Death Proof*) zehn Jahre lang an dem Drehbuch, das im Kern die Bastards-Idee sowie Kriegsfilm- und Italo-Western-Elemente enthält. Für ihn ist „Inglorious Bastards" seit dem gleichnamigen Film von Castellari, den er bereits als Jugendlicher gesehen hat, eine Genrebezeichnung für Filme, in denen ein Haufen verwegener Typen eine Mission hat: Tarantino liebt diese Idee und den Titel und kauft die Rechte für den Film, um seinen eigenen Bastards-Film drehen zu können.[2] Die Produktion des Films dauert nur ein Jahr. Von Oktober 2008 bis Februar 2009 wird in Berlin, Sachsen, Paris und im Studio Babelsberg gedreht. Die zahlreichen deutschen Schauspieler werden größtenteils erst im Laufe des September gecastet. Die Musik zum Film soll eigentlich von Ennio Morricone komponiert werden, der aber aufgrund anderweitiger Verpflichtungen den Auftrag nicht annimmt. Tarantino benutzt daher Morricone-Musik aus anderen Filmen (wie *La resa dei conti* von 1966 und *Revolver* von 1973). Am 20. Mai 2009 feiert *Inglourious Basterds* Weltpremiere auf dem Filmfestival in Cannes. Der Film kostet über siebzig Millionen Dollar, wobei etwa ein Zehntel des Gesamtbetrages aus der deutschen Filmförderung kommt.

Finanziell ist *Inglourious Basterds* Tarantinos bis dahin erfolgreichster Film. Er spielt 2009 weltweit über 300 Millionen Dollar ein. Von den Kritikern und Zuschauern wird er sehr gelobt. Roger Ebert (*Chicago Sun-Times*) zufolge beschert Tarantino dem Zweiten Weltkrieg einen dringend benötigten alternativen Ausgang, indem er die Nazis ermorden lässt.[3] Manohla Dargis (*The New York Times*) gibt allerdings zu bedenken, dass Tarantino, indem er die Historie umschreibt und die Möglichkeiten des Kinos feiert, Zuschauer-Sympathien für einen form- und redegewandten Nazi weckt, der Juden ermordet.[4] Der Film stößt aber nicht nur auf Kritik von moralischer Seite. Es ist auch bemerkt worden, dass Tarantino daran scheitert, die einzelnen Szenen, die für sich genommen gelungen seien, zu einer Einheit zusammenzufügen. Außerdem lasse er manchen Dialogen zu viel Raum, so dass der Witz verpuffe.[5] *Inglourious Basterds* erhält in zahlreichen Kategorien Nominierungen, aber die Auszeichnungen bekommt allein Christoph Waltz als bester Darsteller: 2009 erhält er den Darstellerpreis in Cannes und 2010 den Oscar als bester Nebendarsteller. Schließlich ist noch eine Zensur zu erwähnen, die in Deutschland vorgenommen wurde: Das originale Filmlogo mit dem Hakenkreuz im ersten „O" von „INGLOURIOUS" wird als verfassungsfeindlich eingestuft, so dass die Plakate auf dem deutschen Markt ohne das Zeichen erscheinen.

III. Inhaltliche Analyse

Sinnbildlich wird in den ersten zwei Minuten des ersten Kapitels durch das Motiv der weißen Wäsche und des Waschens (der Bauer LaPadite wäscht sich das Gesicht) das Thema Schuld und Unschuld dargestellt. Später wird dies durch die weiße Milch wieder aufgegriffen, die in ein Symbol des Todes pervertiert wird, ähnlich wie in Celans Gedicht *Todesfuge*. Landa lässt sich die reine weiße Milch des Milchbauern einschenken und sodann die versteckten Juden ermorden. Im dritten Kapitel bestellt er Shosanna ein Glas Milch, um ihr indirekt zu zeigen, dass er sie erneut aufgespürt hat. Diese Indirektheit ist Teil des Katz-und-Maus-Spiels, das der sadistische Judenjäger betreibt. Er lässt Shosanna immer wieder laufen, um das Spiel fortzuführen, das dramaturgisch für Spannung sorgt. Am Ende wäre die Strategie beinahe aufgegangen und Shosanna hätte ihn mit der Verbrennung der Nazis zu einem Komplizen und Helden im Widerstand gegen die Nazis gemacht, wenn er nicht durch das Hakenkreuz auf der Stirn stigmatisiert worden wäre. Tarantino und Christoph Waltz haben mit Oberst Landa die bemerkenswerteste Figur des Films entwickelt: eine Figur, die moralisch empörend ist, weil ein inhumaner Nazischerge als der kultivierteste, intelligenteste und redegewandteste Mensch im Universum dieses Films erscheint, die ästhetisch aber zugleich interessant ist, weil damit Stereotype aufgehoben werden sollen. Ob mit der Figur, die sich letztlich vor allem durch listigen Opportunismus auszeichnet, tatsächlich Stereotype von Nazischergen aufgehoben werden, ist fraglich. Ebenso zweifelhaft ist es, ob das intendierte Aufheben von Stereotypen, das im Allgemeinen für Originalität, anspruchsvolle Komplexität und erfrischende Komik sorgen kann, in diesem Fall angebracht ist, denn selten ist es historisch so einfach, Gut und Böse auseinanderzuhalten, wie im Fall des Nationalsozialismus. Warum alle Erzählungen über den Zweiten Weltkrieg „gleichberechtigt"[6] sein sollen, wie Landa-Darsteller Christoph Waltz meint, ist unbegreiflich. Historischer Erkenntnis oder sonstiger Wahrheitsfindung dient diese Umkehrung jedenfalls nicht. Ästhetisch ist die Figur jedoch reizvoll, weil sie die Zuschauersympathien auf eine höchst ambivalente Weise erregt und abstößt. Zunächst spielt Landa seinen ganzen Charme aus: Er ist sehr höflich, spricht mehrere Sprachen, zeichnet sich durch Geschmeidigkeit und zuweilen infantile Heiterkeit aus. Gleichzeitig steuert er souverän den Ablauf des Gesprächs mit LaPadite. Wie kommt es nun zum Umschlag? Die Spannung steigert sich, als Landa sein Gleichnis von Adlern und Ratten entfaltet, denn diese indirekte Redeweise lässt eine böse Pointe vermuten. Noch ist die Szene von Komik begleitet: Landa trinkt Milch, ein nicht gerade typisches Getränk für einen SS-Offizier, und holt eine völlig überdimensionierte Pfeife aus der Jackentasche, was aufgrund der phallischen Dimension absurd komisch wirkt und zugleich den schrecklichen Triumph über LaPadite und die nun folgende böse Überraschung symbolisch vorwegnimmt. Denn Landa erinnert mit seiner Sherlock-Holmes-Schaumpfeife an den listigen Detektiv, wenn er LaPadite nun dazu bringt, das Versteck zu verraten. Es kommt zum Wendepunkt in dieser Szene: Die Kamera schwenkt langsam nach unten, unter den Tisch, dann unter den Boden auf Shosanna, die im Dunkeln mit den anderen liegt. Zwar nimmt sie damit nicht Landas visuelle Perspektive ein, seine Ahnung des Verstecks wird jedoch immer deutlicher, bis er die Maskerade fallen lässt und im Klartext sein Gegenüber zwingt, das Versteck preiszugeben. Großaufnahmen der beiden Männer wechseln dramatisch hin und her wie bei einem Duell. Die erneut gespielte Höflichkeit Landas, die durch seinen Wechsel zum Französischsprechen besonders künstlich erscheint, wird dieses Mal von der Musik unterlaufen, die drohend wirkt, als die SS-Männer eintreten, um auf den Fußboden zu feuern.

Typisch für Tarantino ist hier die Verschmelzung von Komik und Gewalt, die in der Figur Landas als kultiviertem, milchtrinkendem Unhold realisiert wird. Ebenfalls charakteristisch für Tarantinos Filme ist die Demonstration des Spielerischen. Landas Katz-und-Maus-Spiel wird von zahlreichen anderen Spielen, wie zum Beispiel dem Zettelspiel in der Taverne, vervielfacht. Das zunächst harmlose Wer-bin-ich-Spiel mit dem Zettel auf der Stirn wird zu einem selbstreferenziellen Verweis auf die verdeckten Identitäten der Doppelagenten Leutnant Hicox und Bridget von Hammersmark und verliert durch die Aufdeckung des Betrugs seine Harmlosigkeit. Es gibt noch mehr Spielformen: Die Basterds führen eine Mischung aus Indianerspiel und Baseballspiel vor. Die zahlreichen Anspielungen auf das Western-Genre (etwa durch Morricones Duellmusik), die kreisförmige Anordnung der Darsteller im „Indian style"[7] sowie der Hinweis auf die indianische Abstammung Aldo Raines als Nachkomme Jim Bridgers machen die Gefangennahme der Nazis durch die Basterds zu einem Indianerspiel. Aldo Raine sagt zu seinen Soldaten: „Now, I am the direct descendant of the mountain man Jim Bridger, and that means I got a little Injun in me. And our battle plan will be that of an Apache resistance." („Injun" ist eine umgangssprachliche Bezeichnung für Indianer.) Dieser Diskurs wird zugleich von dem des Baseballspiels überlagert, denn die räumliche Figurenkonstellation erinnert an ein Spielfeld, das von Zuschauerrängen umgeben ist, es gibt einen Hauptdarsteller mit einem Baseballschläger, den sogenannten ‚Bärenjuden' Donowitz, und viele Zuschauer. Aldo Raine genehmigt sich einen Snack und applaudiert. Donowitz macht sich überdies einen Sport daraus, Hakenkreuze auf die Stirnen der Nazis zu ritzen. Die Szene endet damit, dass Raine Donowitz versichert, man komme nur mit viel Übung in die Carnegie Hall. Hier liegt die Pointe also abermals auf der Analogie mit dem spielerischen Wettkampf, denn nur die besten Musiker schaffen es in die Carnegie Hall. Am Ende des Films bezeichnet Raine das auf Landas Stirn geritzte Hakenkreuz als sein „masterpiece": eine metafiktionale Doppeldeutigkeit, denn dies wirkt zugleich wie ein resümierender Selbstkommentar des Regisseurs zu *Inglourious Basterds*.

Den Höhepunkt des Spielerischen bildet bei Tarantino jedoch wie immer das Kino, hier das Lichtspielhaus Shosannas. Shosanna spielt mit ihrem Kinopublikum, indem sie ihre eigene Ansprache in den Nazipropagandafilm hereinschneidet; und dieses Spiel verweist auf das Metaspiel Tarantinos, der mit seinen Fiktionen das Kino über die Historie triumphieren lässt.

Das Spielerische stößt jedoch in *Inglourious Basterds* an eine Grenze, die durch das ernste Thema vorgegeben ist. Daher ist fragwürdig, inwiefern Tarantinos unbändiger Wille zum Spiel hier im Rahmen der Harmlosigkeit verbleibt, die für die komische Wirkung seiner Filme erforderlich ist. Mit Martial-Arts-Filmen ist jedenfalls leichter zu scherzen als mit dem Stoff des Zweiten Weltkriegs. Ob man nun „dieses Amalgam aus Pop-Trash und Menschheitsverbrechen" als „Einübung von Ambivalenzen"[8] (Witz versus Gewalt, Bildung versus Grausamkeit, Unschuld versus schuldige Rache) deutet oder als Treibstoff für die „scheußlichsten Mordfantasien" und als Legitimation für Terroristen[9] – moralisch ist der Film strittig.

IV. Audiovisuelle Analyse

Tarantino erzählt seine Filme in Kapiteln, die zumeist raumzeitliche, aber auch narrative und audiovisuelle Einheiten darstellen wie abgeschlossene Episoden einer Kompilation. *Inglourious Basterds* präsentiert eine zusammenhängende Geschichte, aber die Handlungsstränge sind zunächst kaum verflochten, denn im ersten Kapitel wird Landa eingeführt, im zweiten die Basterds und im dritten Shosanna mit ihrer falschen Identität in Frankreich. Zwar taucht Shosanna auch im ersten Kapitel und Landa im dritten auf, aber größtenteils erzählen die Kapitel ihre Geschichte in einer episodischen Abgeschlossenheit, die nicht nur durch das Thema, sondern auch durch die Darstellungsweise festgesetzt wird. Die epischen Landschaftseinstellungen im ersten Kapitel, deren Anlehnung an das Western-Genre auch durch die Musik und die duellhaften Gegenschüsse der Großaufnahmen fortgeführt wird, bilden ein eigenes Universum, das sich von der Indianerspielwelt der Basterds ebenso unterscheidet wie vom Großstadtleben des von den Nazis besetzten Paris. Das erste Kapitel beginnt mit einem Insert, das auf einen Märchenbeginn, vor allem aber auf den Western *Once Upon a Time in the West* (*C'era una volta il West*, 1968) anspielt: „Once upon a time" steht dort – und erst in der nächsten Einstellung: „in Nazi-occupied France". Auch die Bildeinstellungen erinnern an den Western: Ein einsames Haus steht in der Landschaft, in Panoramaeinstellung, und die sich annähernden

Feinde sind schon von Weitem zu sehen. In die ländliche Idylle, die auf der Tonebene durch Vogelzwitschern und den ruhigen Rhythmus des Holzhackens erzeugt wird, bricht der Feind mit störendem Motorengeräusch ein. Sichtbar wird er aber erst, als das große weiße Laken auf der Wäscheleine wie ein Vorhang zur Seite gezogen wird. Zugleich ertönt Ennio Morricones Lied *La condanna* (*The Verdict*), das in dem Western *La resa dei conti* (1966) von Sergio Sollima eine wichtige Duellszene begleitet und folglich mit einem tödlichen Showdown assoziiert wird. Morricone variiert in diesem Stück Beethovens *Für Elise* in einem Stil, den er selbst für die Western-Filme etabliert hat, für die er den Score komponiert hat. In *Inglourious Basterds* verdeutlicht die Einspielung von Beethoven die unheilvolle Ankunft der deutschen SS-Offiziere. Das erste Kapitel bildet also eine homogene Einheit und hat in erster Linie den Zweck, im Stil des Westerns die Figur Landa einzuführen. Erst die nach einer Stunde beginnenden Kapitel vier und fünf verbinden die Episoden stärker miteinander. Allerdings bilden auch die beiden letzten Kapitel Einheiten, die durch die Figuren und die Räume (hier die Taverne, dort das Kino) in sich abgeschlossen wirken. Ob dies nun eine Meisterschaft des episodischen Erzählstils darstellt oder ein Unvermögen, eine große Geschichte einheitlich zu erzählen, sei dahingestellt; es ist auf jeden Fall charakteristisch für Tarantinos Filmästhetik. Ein weiteres Markenzeichen, das auch in *Inglourious Basterds* zutage tritt, ist die große zeitliche Ausdehnung der Episoden. Auch viele Einstellungen innerhalb der Episoden sind lang, dasselbe gilt für die ausgiebigen Dialoge. Im Kontrast zu Castellaris *Inglorious Bastards*, in dem es kaum Szenen ohne krude Kampfaction gibt, fallen diese verbalen Längen besonders auf. Tarantino ist berühmt für seine Dialoge. In *Inglourious Basterds* sind sie aber zumeist zu perfide und doppelbödig, um erheiternd zu sein: Meistens werden sie von Landa geführt, der viel Witz hat, diesen aber als tödliche Waffe benutzt, wenn er seine Fremdsprachenkenntnisse dazu verwendet, Juden aufzuspüren oder falsche Identitäten zu enttarnen. Bemerkenswert ist, dass die prominenten Nazis, Hitler und Goebbels, einen sehr geringen Redeanteil haben und wie Karikaturen wirken. Sie sind lächerliche Charaktere ohne Pathos und Pointe. Dies ist Teil der Strategie, das Kino über die Historie triumphieren zu lassen und die Nazis zu entmystifizieren: Tarantino macht aus den historischen Superschurken cineastische Randfiguren. Dies fällt besonders dadurch ins Gewicht, dass Tarantino hier ironisierend an die „Repräsentationsorgien"[10] des Nationalsozialismus und daran, wie Hitler und Goebbels das Kino zu Propagandazwecken ausgenutzt haben, erinnert.

Goebbels wird auf eine Weise eingeführt, die ein weiteres Merkmal des Films darstellt: parodistische Zwischenschnitte. Zoller stellt ihn Emmanuelle Mimieux (Shosanna) feierlich als Propagandaminister und Chef der gesamten deutschen Filmindustrie vor. Im Kontrast dazu ist es auf groteske Weise komisch, wenn ein Zwischenschnitt von knapp drei Sekunden eben diesen scheinbar ehrbaren Goebbels wild keuchend mit seiner Dolmetscherin beim Geschlechtsakt a tergo zeigt. Auch die *freeze frames* mit den Schrifteinblendungen, hier „Dr. Joseph Goebbels – The number two man in Hitler's Third Reich", wirken komisch, weil sie plakativ überzeichnete Figureneinführungen sind, die weder Schrifterklärungen noch Standbilder benötigen, insofern die Figuren auf der Ebene der Geschichte eingeführt werden. Im Falle von Hugo Stiglitz hat die Figureneinführung eine andere Funktion: Die zwei Minuten umfassende Rückblende, die Stiglitz' Vorgeschichte zeigt, dient der Mystifikation dieser Figur, insofern ihre Berühmtheit als Nazimeuchelmörder illustriert wird. Zugleich ist sie durch die comicartig-überzogene Darstellungsweise eine Parodie auf eben jene Mystifikation. Sie werden von einer extradiegetischen Erzählerstimme (Samuel Jackson) und verzerrten Gitarrensounds präsentiert beziehungsweise unterlegt. Das Rekrutieren eines gefangenen Schwerverbrechers für eine geheime Mission gegen die Nazis kann auch ernsthaft dargestellt werden, wie in *The Dirty Dozen* zu sehen ist. Aber Tarantino zeichnet Hugo Stiglitz komisch und brutal zugleich und parodiert damit weniger filmische Vorläufer wie den eben genannten, als dass er krude filmische Erzähltechniken der Figureneinführung mit Schrift, Rückblende und erklärendem *voice over* parodiert. Besonders auffällig ist der überraschende Einsatz der Erzählerstimme, wenn sie auf ironische Weise dokumentarisch die Brennbarkeit von Nitrofilmen kommentiert. Dieser Einschub wird bildlich illustriert und künstlich in das Gespräch zwischen Shosanna und Marcel eingefügt, in dem Shosanna ihren Plan, das mit Nazis gefüllte Kino anzuzünden, offenbart. Solche unmotiviert wirkenden ironischen Redundanzen und Extensionen kennzeichnen den Film, der insgesamt audiovisuell vor allem durch die Mischung zweier Genres, Western und Kriegsfilm, geprägt ist, wobei trotz der vorherrschenden Kriegsthematik auf auditiver Ebene der Italo-Western mit der sehr präsenten Musik Morricones überwiegt.

V. Szenenanalyse

Der dramaturgische Höhepunkt vor dem finalen Massaker ist die Szene (im letzten Teil), in der Shosanna und Fredrick sich gegenseitig erschießen. Fredrick versucht mit Charme und Witz, in Shosannas Vorführraum zu gelangen. Dadurch wird eine Spannung erzeugt, denn die Zuschauer wissen, dass Shosanna dort mehr vorhat als nur die Filmspulen zu wechseln. Der etwa dreiminütige Dialog ist auf Französisch. Die Sprache fungiert hier symbolisch als Sprache der Liebe Fredricks zu Shosanna, denn Fredrick erscheint mit seinem fließenden Französisch als naiv Liebender und Werbender im Unterschied zu den Deutsch sprechenden Nazis und den Englisch sprechenden Basterds. Die Szene hat romantische und komische Elemente, vor allem aber ist sie sehr melodramatisch. Der Showdown zwischen Frederick und Shosanna wird vorbereitet durch Shosannas schroffe Ablehnung und Fredricks überraschend heftige Reaktion: Er stößt die Tür auf und dringt in ihren Raum ein. Die politische Ebene der Rache einer Jüdin an den Nazis wird von der persönlichen Beziehung zwischen den beiden verhinderten Liebenden überlagert. Daraus bezieht die Szene ihre emotionale Stärke. Ein kurzer Effekt komischer Erleichterung geht dem Schusswechsel voraus, wenn Shosanna Fredrick bittet, die Tür zu schließen, und Fredrick irritiert gehorcht, weil er darin eine unverhoffte Hingebung vermutet. Sie aber schießt ihm drei Mal in den Rücken. Diese Einstellung wird mit den Schüssen des Films im Film parallel montiert, um an Shosannas Rachemotiv zu erinnern, aber auch um zu verdeutlichen, dass niemand im Kino Shosannas Schüsse gehört haben kann, die durch die Maschinengewehrkaskaden aus Goebbels' *Stolz der Nation* übertönt wurden. Inmitten der Schießerei wird es unvermutet romantisch, denn Shosanna sieht dem Fredrick auf der Leinwand ins Gesicht, der gerade nicht schießt, sondern innehält und die Augen schließt. Sein Anblick bricht ihr laut Drehbuch das Herz.[11] Ihr Blick wechselt zwischen dem Fredrick auf der Leinwand und dem realen, den sie gerade erschossen hat. Die nicht-diegetische Musik, die mit diesem Innehalten einhergeht, drückt Shosannas Gefühle der Betroffenheit und Trauer aus. Ennio Morricones Stück *Un amico*, das Sergio Sollimas Film *Revolver* von 1973 entnommen ist, impliziert Assoziationen mit einem traurigen Filmende und dem Tod eines Freundes.

Abb. 21

Shosanna geht auf Fredrick zu, berührt ihn, will ihn behutsam umwenden, um sein Gesicht zu sehen, als sie das Stöhnen des Sterbenden vernimmt, wird aber im nächsten Moment von drei Schüssen überrascht, die Fredrick aus seiner Luger abfeuert. Die zarte, gefühlvolle Gitarren- und Streichermusik wird nun durch den Einsatz von Bass und Schlagzeug verstärkt und rückt in den akustischen Vordergrund. Für ein paar Sekunden ist nur Musik zu hören, ohne Szenengeräusche, während Shosanna in Zeitlupe von den Schüssen umgerissen wird und zu Boden fällt. Sie wird schreiend gezeigt, aber zu hören ist nur die herzzerreißende Musik. Sie trägt ein rotes Kleid und fällt in ihr rotes Blut. Im Hintergrund wird auf der Kinoleinwand geschossen. Tarantino nennt solche opernhaften Einstellungen von Erschießungen in Zeitlupe, wie sie auch in Castellaris Film vorkommen, „violent ballet" und sieht ihre Funktion darin, emotional zu wirken und nicht realistisch darzustellen.[12] Wie Romeo und Juliet liegen Fredrick und Shosanna als tragisch Liebende auf dem Boden des Vorführraums, in Aufsicht gezeigt. Eigentlich geht es in dieser Szene aber nicht um eine Liebestragödie. Dieses Motiv verstärkt nur ihre emotionale Intensität. Vielmehr geht es um die „Rache des Riesengesichts", also um die Rache der Jüdin an den Nazis und um das Medium Kino, in dem diese vollzogen wird. Der im Kino gezeigte Propagandafilm enthält eine Großaufnahme Fredrick Zollers, in der er fragt: „Who wants to send a message to Germany?" An der Stelle schneidet Shosanna als Antwort eine Großaufnahme ihres Gesichts ein, das in der selben Größe und ebenfalls in leichter Untersicht erscheint (siehe Abbildungen 21 und 22). Wie Zoller auf die Russen herabblickt, blickt

Abb. 22

Shosanna Dreyfus nun auf die Nazis herab, um ihnen „the face of Jewish vengeance" zu zeigen. Auf der Leinwand erscheint sie als unerreichbare Macht wie Orwells Big Brother, aber ein Zwischenschnitt zeigt, dass sie bereits tot ist und ebenfalls von Nazikugeln erschossen wurde wie zuvor ihre Familie.[13] Die Szene enthält viele Großaufnahmen, die ihr Gewicht verleihen. Zahlreiche Wechsel zwischen schnellen Actionszenen und Zeitlupeneinstellungen intensivieren dieses Finale. Parallelmontagen zwischen der brennenden Leinwand, aus der die Feuerwolken hervorquellen, und den Maschinengewehrattacken der Basterds verdeutlichen die Überkreuzung der „Operation Kino" mit Shosannas persönlicher Abrechnung. In der letzten Einstellung ist der Höhepunkt der Zerstörung erreicht, wenn das ganze Lichtspielhaus in die Luft gesprengt wird. Während es bei Castellari und Aldrich ein Schloss, also ein Symbol politischer Herrschaft, ist, das vernichtet wird, lässt Tarantino den Nazipropagandafilm samt Nazis in Flammen aufgehen und zerstört damit metaphorisch nicht nur eine politische, sondern zugleich eine kulturindustrielle Macht. Das Kino Tarantinos triumphiert hier über die Historie, indem es den Nationalsozialismus besiegt, das schwere Hakenkreuz mit bedeutungsvollem Getöse zu Boden krachen lässt und den Holocaust durch den von einer Jüdin initiierten Massenmord symbolisch umkehrt.

Django Unchained (2012)

I. Handlung

1858 wird der Sklave Django irgendwo in Texas während einer Überführung durch Sklavenhändler von dem deutschen Kopfgeldjäger Dr. King Schultz aus seinen Ketten befreit („unchained"). Einer der beiden Händler wird dabei von Schultz, der vorgeblich noch immer seinen früheren Beruf als Zahnarzt ausübt, erschossen, der andere dem Zorn der befreiten Sklaven ausgesetzt. Der Deutsche nimmt Django mit auf die Reise, weil dieser die Brittle-Brüder identifizieren kann, auf deren Ergreifung beziehungsweise Tötung eine Belohnung ausgesetzt ist. Schließlich machen sie die Brüder ausfindig und töten sie gemeinsam. Als Schultz erfährt, dass Django mit einer Sklavin namens Broomhilda verheiratet ist, schlägt er ihm vor, ihn als Kopfgeldjäger zu unterstützen und sich gemeinsam auf die Suche nach seiner Frau zu begeben, deren sagenumwobener Name Schultz ebenso tief bewegt wie das traurige Schicksal der beiden.

Schultz und Django finden schließlich heraus, dass Broomhilda an Calvin Candie verkauft wurde, der ein riesiges, „Candieland" genanntes Anwesen in Mississippi besitzt. Um Candies Interesse zu wecken, geben sie sich als Liebhaber von Mandingo-Kämpfen – tödlichen Auseinandersetzungen zwischen Sklaven – auf der Suche nach einem herausragenden Kämpfer aus, für den sie bis zu 12 000 Dollar zu zahlen bereit sind. Auf Candies Anwesen wecken sie den Argwohn von Stephen, dem schwarzen Hausdiener, der während der geschäftlichen Verhandlungen das emotionale Band zwischen Broomhilda und Django entdeckt und Candie rechtzeitig vor dem Abschluss des Geschäfts warnt. Unter vorgehaltenen Waffen gehen Schultz und Django auf dessen zorniges Angebot ein, Broomhilda für 12 000 Dollar freizukaufen. Als der Vertrag besiegelt werden soll, erschießt Schultz Candie aus gekränktem Stolz und provoziert damit nicht nur einen blutigen Schusswechsel, bei dem er selbst zu Tode kommt, sondern auch die erneute Gefangennahme von Broomhilda und Django. Während einer weiteren Überführung gelingt Django jedoch wieder die Flucht. Er kehrt nach Candieland zurück, befreit Broomhilda, erschießt Stephen sowie die Weißen aus Candies Gefolgschaft, sprengt die Villa in die Luft und reitet gemeinsam mit seiner Frau davon.

II. Produktion und Rezeption

Für Tarantino sind Form und Inhalt seines Films eng miteinander verknüpft. Er möchte unbedingt einen Western nach der Art der Filme von Sergio Corbucci drehen, das heißt möglichst düster und brutal, wie *Navajo Joe* (1966) oder *Il grande silenzio* (1968), wofür er das historische Thema der Sklaverei geeignet findet: „I thought the closest equivalent to Corbucci's brutal landscapes would be the antebellum South. When you learn of the rules and practices of slavery, it was as violent as anything I could do – and absurd and bizarre."[1] Das Thema entspringt also nicht unbedingt einem plötzlichen Interesse Tarantinos an moralischen Fragestellungen und der kritischen Auseinandersetzung mit der US-amerikanischen Geschichte, sondern ergibt sich aus seinen ästhetischen Vorstellungen und den mit ihnen einhergehenden inhaltlichen Prämissen. Gleichwohl gibt sich Tarantino in Interviews mittlerweile betont moralisch: Er bemängelt, dass sich so wenige Filme des historischen Gegenstands der Sklaverei annähmen[2], möchte den Opfern die Illusion der Rache ermöglichen[3] und distanziert sich von dem Bösewicht Candie: „He's the first villain I've ever written that I didn't like. I hated Candie, and I normally like my villains no matter how bad they are."[4]

Die Rolle des Bösewichts besetzt er mit Leonardo DiCaprio, der seit Längerem Tarantinos Drehbücher zugeschickt bekommt und sich bei dem Regisseur melden soll, sobald ihm eine Rolle zusagt, was diesmal der Fall ist. Tarantino schreibt sie daraufhin für DiCaprio um, denn er hatte Calvin Candie ursprünglich als eine wesentlich ältere Figur konzipiert.[5] Für Djangos Rolle fasst er unter anderem Will Smith ins Auge, besetzt sie dann aber mit Jamie Foxx, weil er der Meinung ist, dass Foxx, der in Texas aufgewachsen ist und ein eigenes Pferd besitzt (das er auch im Film reitet), Cowboy-Blut durch die Adern fließt.[6] *Django Unchained* ist mit einem geschätzten Budget von 100 Millionen Dollar bis dahin Tarantinos teuerster, mit einem Einspielergebnis von 160 Millionen allein in den ersten beiden Monaten in den USA aber auch ertragreichster Film. Außerdem ist er zweifach bei der Oscarverleihung erfolgreich: Tarantino erhält den Oscar für das beste Originaldrehbuch und Christoph Waltz wird der Preis bereits zum zweiten Mal für die beste Nebenrolle verliehen. Hierüber zeigen sich einige Kritiker irritiert, weil die Rollen von Oberst Hans Landa aus *Inglourious Basterds* und Dr. King Schultz ihrer Meinung nach große Ähnlichkeit aufweisen.

Der Film schlägt wie jeder neue Film von Tarantino hohe Wellen, insbesondere da Tarantino sich nach seiner Beschäftigung mit dem Dritten Reich nun mit dem dunkelsten Kapitel der US-amerikanischen Geschichte, der Sklaverei, befasst. Dafür wird er von Kritikern und Fans gleichermaßen gelobt. Trotzdem fallen die Besprechungen von *Django Unchained* größtenteils mäßig aus: Der Film sei zu lang (er ist mit 165 Minuten Spielzeit der bislang längste Tarantino-Film), die Verknüpfung von ernster und komischer Gewaltdarstellung ästhetisch unbefriedigend und die Charakterentwicklung von Django sprunghaft und unverständlich. Einmal mehr werden dagegen die technische Machart des Films und die unterhaltsamen Dialoge gelobt. In vielen Besprechungen klingt allerdings Überdruss an, so als wünschten sich die Kritiker, es stecke endlich einmal weniger Tarantino in dessen neuen Filmen. Beispielsweise schreibt Michael Phillips von der *Chicago Tribune*: „I wish more of ‚Django Unchained' came from the adult Tarantino, rather than the eternal, talented but blinkered adolescent."[7] Andere schätzen gerade den Tarantino-typischen Zugang zum Thema der Sklaverei und den heterogenen Stilmix des Films, wie Anthony O. Scott von der *New York Times*, der den Film als „crazily entertaining, brazenly irresponsible and also ethically serious" beschreibt, gleichzeitig aber auch einige „moments of pure silliness"[8] darin ausmacht.

III. Inhaltliche Analyse

Obwohl die Handlung von *Django Unchained* linear erzählt ist, ist der Film auf die für Tarantino charakteristische Weise episodisch, denn einzelne Etappen der Reise von Schultz und Django werden zu umfangreichen Szenen ausgestaltet, während längere Zwischenstationen ausgelassen werden. Spannung wird, ähnlich wie in *Inglourious Basterds*, insbesondere in einzelnen Erzählabschnitten, aber weniger durch den Verlauf der Gesamterzählung kreiert. Da eine ausgeprägte Figurenzeichnung nicht zu Tarantinos ästhetischem Repertoire gehört, erscheint die Entwicklung der Hauptfiguren lückenhaft und nicht immer plausibel: Schultz tötet von Berufs wegen ohne Skrupel, doch die Behandlung der Sklaven bereitet ihm Unwohlsein; Django entwickelt sich in Windeseile vom Legastheniker und unterdrückten Sklaven zum rhetorisch geschliffenen Revolverhelden. Es geht Tarantino allerdings mitnichten darum, die Entwicklung der Figuren zu erklären. Vielmehr sind die unterschiedlichen Facetten ihrer Persönlichkeiten notwendig, um die beweglichen Machtverhältnisse innerhalb der Figurenkonstellation auszutarieren. Der Film zeichnet zum Beispiel nach, wie Django nicht nur den Beruf, sondern auch die Schieß- und Redefertigkeit samt der hieraus resultierenden Machtposition von dem väterlich agierenden Schultz übernimmt. So wie er vom Sklaven zum Kopfgeldjäger aufsteigt, geht Schultz' Persönlichkeit den umgekehrten Weg, denn er agiert zunächst tollkühn, unterwirft sich Candie aber schließlich sklavisch. Diesem Ehrverlust weiß er nicht anders als mit persönlicher Rache zu begegnen, für die er den eigenen Tod in Kauf nimmt. Schultz' Leiche wird mit einem zerschundenen Rücken gezeigt – eine visuelle Analogie zu den vernarbten Striemen der Peitschenhiebe, die im Film ein Erkennungsmerkmal der Sklaven sind.

Zwar ist auch dieser Film mit Anspielungen gespickt, aufgrund des historischen Sujets gibt es aber auf inhaltlicher Ebene beispielsweise keine popkulturellen Verweise. Unter den filmischen Vorlagen – insbesondere zahlreiche Western – ragen Sergio Corbuccis *Django* von 1966 und Richard Fleischers *Mandingo* von 1974 hervor. Zu der ursprünglichen Handlung von *Django* gibt es keine Parallelen – Tarantino zitiert lediglich die Einstellungen, die Titelei und die Musik des Filmanfangs, gibt seinem Helden den gleichen bekannten Namen und lässt Franco Nero, den ursprünglichen Django-Darsteller, in einer kurzen Rolle auftreten. Des Weiteren verwendet er den Exploitation-Film *Mandingo*, der voller Gewalt und Sex ist, als Vorlage für einige Figuren und Szenen, außerdem entnimmt er ihm den fiktiven Mandingo-Kampfsport (mit Broomhildas Nachnamen „Von Shaft" spielt er außerdem auf den bekanntesten Exploitation-Film, Gordon Parks' *Shaft* von 1971 an).[9] Auch an den typischen Selbstverweisen mangelt es nicht: Mit der Figur des deutschen Kopfgeldjägers ruft Tarantino beispielsweise die handlungstragende Figur des Oberst Landa aus *Inglourious Basterds* in Erinnerung, die mit Dr. King Schultz die Eigenschaften der Eloquenz, Mehrsprachigkeit und kühlen Kalkulation teilt.

Der Filmbeginn spielt ironisch mit dem *clash of languages* der unterschiedlichen Klassen und teilt den Figuren ihre Schusskraft nach ihren rhetorischen Fähigkeiten zu: „I wish to parley with you", begrüßt Schultz die Sklavenhändler, die ihm verständnislos entgegnen: „Speak English!" Von seinem gehobenen Gebrauch der Sprache lässt er sich allerdings nicht abbringen, und als es brenzlig für ihn wird, schießt er die Händler kurzerhand nieder. Selbst der Dialog mit den Sklaven ist sprachverliebt und verspielt. Das leichtfüßige Auftreten des Kopfgeldjägers erzeugt einen Nimbus der Unverwundbarkeit, der in der folgenden Szene noch verstärkt wird: Schultz sieht gelassen der Tatsache ins Auge, dass sich eine ganze Stadt bewaffnet und gegen ihn in Stellung gebracht hat, weil er ihren Sheriff getötet hat. Zwar ist der Sheriff ein gesuchter Schurke, charakteristisch für die von Waltz verkörperte Figur sind aber die Selbstsicherheit und rhetorische Finesse, mit denen sie sich aus der misslichen Situation befreit und die Kontrolle über das Geschehen übernimmt. Wie sehr die Figur mit ihrer rhetorischen Kraft die Filmhandlung lenkt, zeigt ihre kurze Nacherzählung des Schicksals von Brunhilde und Siegfried aus der Nibelungensage, der Django, wie ein Kind auf dem Boden sitzend, aufmerksam zuhört. Schultz wird damit zu einer Art Spielleiter, was sich auch in der Anheuerung Djangos als Partner zeigt, denn dass er sich nicht nur für den befreiten Sklaven, sondern auch für die Auffindung seiner Frau verantwortlich fühlt, kann aus seinem Charakter nur schwerlich abgeleitet werden: Es sind Entscheidungen der Figuren zum Zweck der Handlungssteuerung, die psychologisch nicht weiter unterfüttert werden. Gleiches gilt für die moralischen Skrupel, die Schultz angesichts der Zerfleischung eines Sklaven auf Candies Anwesen befallen, denn er hat beispielsweise gleichzeitig keine Bedenken, einen Mann in Gegenwart seines Kindes zu erschießen. Die disparate Figurenzeichnung kommt durch Tarantinos unterschiedliche Bewertung von Gewalt zustande: Er fühlt sich nicht moralisch verantwortlich, wenn er Filmgewalt zeigt – es sei denn, es geht um historisch-politisch brisante Themen wie Judenverfolgung oder Sklaverei. Diese Ansicht wird von Tarantino in verschiedenen Interviews vertreten und ist insbesondere *Django Unchained* eingeschrieben. Die Transformation dieser ambivalenten Meinung des Regisseurs in die Haltung einer Figur wirkt allerdings aufgesetzt, da sie nicht inhaltlich aus den Neigungen und Interessen der Figur erschlossen wird. Stattdessen entsteht der moralische Bewertungsrahmen durch den außerfilmischen historischen Bezug, was zu inhaltlichen und ästhetischen Brüchen in der Figuren- und Gewaltdarstellung führt und somit den Eindruck von Disparatheit erzeugt. Tarantino ist aber dennoch bemüht, die ästhetizistische Darstellung harmloser Filmgewalt von der ernsten Wiedergabe moralisch zweifelhafter Gewalt zu trennen. Als Epizentrum der moralischen Erschütterung fungiert dabei Schultz' schlechtes Gewissen. Solch ein innerfilmisches moralisches Fangnetz gibt es auch für die unzählige Verwendung des Wortes „nigger", denn es sind meistens Schwarze, die es benutzen, insbesondere der Hausdiener Stephen – ein Uncle Tom übelster Sorte, dessen rassistische Gesinnung nicht nur in der Figurenrede, sondern auch visuell durch sein weißes Haar und das weiße Hemd sowie inhaltlich durch seine Loyalität gegenüber Candie vermittelt wird.

Die moralische Empörung von Dr. Schultz und das persönliche Schicksal Djangos bilden die inhaltliche Grundlage dafür, dass – ähnlich wie in *Inglourious Basterds* die jüdische Rache – die Rache der Schwarzen als eine Art filmische Gewaltfantasie realisiert wird. Im Vorgängerfilm diente das Kino-Setting dazu, die poetische Gerechtigkeit als filmische Konstruktion offenzulegen. Dieselbe Funktion erfüllt in *Django Unchained* die theatralische Inszenierung des Endes. In seiner erhöhten Position auf der Galerie gebärdet sich Django als Richter, Redner und Regisseur zugleich, dem Candies Leute ebenso ausgeliefert sind wie die Nazis den Maschinengewehrsalven der von oben herab feuernden Rächer im Kino. Gekleidet ist er als Dandy mit Cowboyhut: also wie ein schießwütiger Künstler beziehungsweise wie ein buchstäblich kunstvoller Schütze. Wenn er abschließend mit Sonnenbrille und Zigarettenhalter vor dem explodierenden Haus posiert, um sein Werk zu betrachten, klatscht Broomhilda begeistert Beifall. Wie im Vorgängerfilm lässt Tarantino also die filmische Rachefantasie über die historische Wirklichkeit triumphieren.

Trotz der linearen Erzählung und des historischen Sujets weist der Film das für Tarantinos Ästhetik zentrale Merkmal der Hybridität auf, da der Regisseur einige Elemente in den Film einfügt, die disparat oder deplatziert wirken und die historische Ernsthaftigkeit konterkarieren. Tarantino lässt keinen Zweifel aufkommen, dass es sich bei seinem Film trotz der ernsten historischen Bezüge in erster Linie um gute Unterhaltung handeln soll. Zum Beispiel gibt es eine Passage, in der an den Ku-Klux-Klan erinnernde Maskenträger über die mangelnden Sichtverhältnisse streiten und schließlich von Schultz mit Leichtigkeit in die Luft gesprengt werden, oder Szenen, die Django bei Schießübungen an einem Schneemann zeigen, dem er unter anderem in den angedeuteten Schritt schießt. In einer weiteren Szene wird Tarantino selbst, der eine kleine Rolle übernimmt, mit Sprengstoff in die Luft gejagt. Wie bei Tarantino üblich, wird hier Filmgewalt systematisch mit Komik in Verbindung gebracht, aber in der Unterschiedlichkeit der Gewaltszenen wird deutlich, dass es neben der komisch-unterhaltenden auch eine ernste Gewalt gibt, die auf die moralische Betroffenheit des Publikums abzielt.

IV. Audiovisuelle Analyse

Tarantino markiert die verschiedenartigen Gewaltszenen audiovisuell: Die an den Sklaven verübte Gewalt wird weitgehend realistisch inszeniert, Schusswechsel werden hingegen übertrieben stilisiert. Ein solches Mittel der Ästhetisierung ist etwa die Zeitlupe, die allerdings auch dann zum Einsatz kommt, wenn Sklaven ausgepeitscht werden oder wenn die Rednecks den Hunden hinterherlaufen, um diesen beim Zerfleischen eines Sklaven zuzusehen. In den übrigen Szenen unterstreicht die Zeitlupe die gekünstelte, das heißt die betont filmische Darstellung des Tötens, wie bei der Erschießung zweier Reiter: Einmal deutet eine Großaufnahme galoppierender Pferdebeine mit einem Blutregen den Treffer an, ein anderes Mal spritzt das rote Blut auf die weißen Baumwollpflanzen, so wie der rote Blutspritzer im finalen Kampf von *Kill Bill: Vol. 1* den Schnee einfärbt. Das Schussgefecht im Anschluss an Candies und Schultz' plötzlichen Tod wird teilweise in einer besonders langsamen Zeitlupe gezeigt: Tarantino hat sie mit neunzig Bildern pro Sekunde gedreht und kombiniert die Einstellungen mit solchen, die mit 22 Bildern pro Sekunde, also leicht beschleunigt – üblich sind 24 –, gedreht wurden. Hierdurch wird eine kraftvolle Dynamik entfaltet, weil einerseits die Hektik des Kampfes eingefangen wird, andererseits Schussbewegungen und -verletzungen episch ausgebreitet werden können. Die Regeln des Italo-Western-Genres bescheren Django erstens zahlreiche Abschüsse und tragen zweitens dafür Sorge, dass er aus der Schießerei unversehrt hervorgeht (zum Aufgeben wird er bloß deswegen gezwungen, weil sich Broomhilda in Stephens Gewalt befindet). Der Western wird allenthalben audiovisuell zitiert: zum einen in der Ausstattung, dann technisch durch zahlreiche Totalen und Panoramaeinstellungen sowie schnelle Zooms und Großaufnahmen von Gesichtern, zum anderen durch die häufige Verwendung von Morricone-Stücken aus anderen Western. Die schnellen Zooms sind im Stil von Martial-Arts-Filmen mit auffälligen Zischgeräuschen unterlegt, so dass der verspielte Umgang mit den Genrevorgaben selbstreflexiv ausgestellt wird. Ein besonderes visuelles Merkmal von *Django Unchained* ist die symbolische Verwendung von Kameraperspektiven. Djangos Aufstieg zum gnadenlosen Rächer und seine zunehmende Kontrollgewalt werden in zahlreichen Einstellungen visualisiert, die Django in Aufsicht zeigen und die unterlegene Perspektive seiner Gegenüber verdeutlichen, etwa die eines niedergeschossenen Brittle-Bruders (siehe Abbildung 23). Von besonderer Bedeutung ist diese Technik, wenn Django in Candieland eintrifft, denn hier ist sie Ausdruck eines ausgetüftelten Plans: Django soll einen schwarzen Sklavenhändler mimen. Damit zieht er noch mehr Hass auf sich als Candie selbst, wie die Aufsichten auf die finster dreinschauenden und vor Django ausspuckenden Sklaven verdeutlichen. Aus seiner inszenierten Grausamkeit wird allerdings blutiger Ernst, als auf sein Geheiß hin ein Sklave den Hunden zum Fraß vorgeworfen wird. In Candies Augen handelt es sich bei Django deswegen um einen „exceptional nigger", der ihn an Bosheit noch überragt – ins Bild gesetzt wird dies durch Einstellungen von Django in Untersicht, während Candie in Aufsicht gezeigt wird (siehe Abbildungen 24 und 25). Allerdings wird dieses Machtgefälle dadurch in Frage gestellt, dass Candie während der Zerfleischung ununterbrochen Django anblickt, um eine emotionale Regung in ihm auszumachen – eine geschmacklose Distanzlosigkeit, die wiederum Candies Charakter als Schurke und damit auch seine Machtposition stärkt.

Django Unchained 141

Abb. 23

Abb. 24

Abb. 25

Abgesehen von den Western-typischen Einstellungen und der symbolischen Funktion der Kameraperspektiven finden sich in *Django Unchained* viele aus früheren Filmen bekannte Darstellungsweisen wieder. Es gibt lange, unauffällig in Szene gesetzte Gesprächspassagen und beispielsweise eine an *Reservoir Dogs* erinnernde Kamerarundfahrt, als Django die Mitarbeiter der Minengesellschaft im Gespräch davon überzeugt, ihn loszubinden und mit Waffen auszustatten, damit sie gemeinsam zurück zu Candies Anwesen reiten können, um die Belohnung für die Ergreifung von Smitty Bacalls Bande einzustreichen. Die visuelle Gestaltung zitiert die Szene, in der Newandyke in Tarantinos Debütfilm die Gangsterrunde mit der Erzählung seiner *commode story* davon überzeugt, tatsächlich ein Gangster zu sein. Django profitiert hier von seiner neu erworbenen Überredungskunst und erklärt selbstbewusst: „Do I sound like a fuckin' slave? I'm no goddam slave. I'm a bounty hunter." Als ihm die Waffen in die Hand gedrückt werden, erschießt er die Angestellten der Minengesellschaft sofort. Auch diese überraschenden Tötungen sind aus Tarantinos Filmen bekannt, etwa aus *Pulp Fiction* oder *Jackie Brown*: Sie sind so beiläufig inszeniert, dass sie komisch wirken. Dies gilt ebenso für den Filmbeginn, als Dr. Schultz die Sklavenhändler niederschießt. Der Effekt dieser Szenen ist eine komische Überraschung, während die in Zeitlupe gezeigten Erschießungen die Kunstfertigkeit des Tötens unterstreichen, denn dabei wird entweder ein Ziel in weiter Entfernung anvisiert oder es ist eine Vielzahl von Gegnern vorhanden, die erledigt werden.

Musik wird in *Django Unchained* in besonders narrativer Weise eingesetzt. Meist wirkt sie verstärkend, grundiert Szenen stimmungsmäßig und sagt auch durch die Liedtexte inhaltlich Relevantes aus, zumal Tarantino nicht nur auf vorhandene Musik zurückgreift, sondern auch Originalmusik für den Film komponieren lässt. Beispielsweise fasst *Who Did that to You?* von John Legend, das Djangos finale Rache einleitet, dessen Gemütsverfassung und das narrative Grundschema des Films treffend zusammen. Oder zum Beispiel wird Dr. King Schultz nach der beeindruckenden Eröffnungssequenz auch musikalisch vorgestellt mit dem Song *His Name Was King* von Luis Bacalov, der aus Giancarlo Romitellis Italo-Western *Lo chiamavano king* von 1971 stammt. Dass Django bei Schultz in die Lehre geht, wird dadurch unterstrichen, dass kurz darauf eine Szene mit dem gleichen Lied unterlegt wird, die den neu eingekleideten Django in stolzer Pose auf seinem Pferd zeigt. An die Leitmotivtechnik erinnert auch der doppelte Einsatz des von Anthony Hamilton und Elayna Boynton für den Film komponierten Stückes *Freedom*, das zuerst während einer kurzen Rückblende zu hören ist, die den Fluchtversuch von Django und Broomhilda zeigt. Zum zweiten Mal setzt das Lied ein, wenn sich Django angesichts der Drohungen Stephens ergibt, wodurch die erneute Gefangennahme der beiden eingeleitet wird. Zu Tarantinos heterogenem Stil gehört aber auch die große stilistische Bandbreite der Musik. Zum Beispiel wird *Dies Irae* aus Verdis *Requiem* mit martialischem Effekt unter den Angriff der Reiterkolonne gelegt, charakteristischerweise wird es aber durch einen harten Schnitt abgebrochen: Die Musik fängt die Stimmung der Szene ein, deren Pathos jedoch gar nicht zur Entfaltung kommen soll, denn in dem folgenden komischen Gespräch über die Qualität der Mützen wird die Absicht der Gruppe ins Lächerliche gezogen. In anderen Szenen erklingt Morricone-Musik aus verschiedenen Western, um die Genre-typische Atmosphäre zu erzeugen. Der auffälligste stilistische Bruch ist der Einsatz von Rap-Songs – sie erfüllen aber dieselbe Funktion wie die übrige Filmmusik. Zwar entsteht durch den mangelnden historischen Bezug ein Kontrast zu den Bildern. Die Songs vereinheitlichen den Ausdruck der Darstellung jedoch insofern, als sie Django in die Nähe eines Gangster-Rappers rücken, der mit seiner gekünstelten Sprache Gewalt ausübt und – so die popgeschichtliche Implikation des Musikstils – aus einer Position des sozialen Missstands heraus agiert. Beispielsweise erklingt *100 Black Coffins* von Rick Ross (produziert von Jamie Foxx), nachdem Django und einer von Candies Schergen verbal aneinandergeraten und sich gegenseitig verhöhnen. Der Song selber setzt mit Gitarre, Pfeifen und Gesang wie aus einer Western-Musik ein und wiederholt somit in seiner Struktur die hybride Zusammensetzung der audiovisuellen Komposition des Gesamtfilms – inhaltlich nimmt er das finale Massaker an Candies Gefolgschaft vorweg. Der zweite Rapsong, ein Remix von James Browns *The Payback* und 2Pacs *Untouchable*, erklingt während der Schießerei in Candies Haus und dient der stilistischen Verfremdung der Szene, die mit vielen Zeitlupenaufnahmen und Toneffekten arbeitet und die Durchschlagskraft von Djangos Kugeln mit laut aufplatzenden Körperstellen auf spezifisch filmische Weise spürbar macht.

V. Szenenanalyse

Die längste Episode des Films ist zugleich die spannendste und leitet den ersten Showdown ein. Sie macht außerdem besonders deutlich, wie sich durch die hohe Dialogizität einer Szene und die unauffällige audiovisuelle Inszenierung ein dramatisches Kammerspiel entwickelt, wenn Tarantino die Figuren nicht über Banales, sondern über ernste Themen sprechen lässt. Der Abschnitt erinnert in seiner Gestaltung an Tarantinos Debütfilm *Reservoir Dogs* und einzelne spannungsvolle Episoden aus *Inglourious Basterds*. Es handelt sich um das Abendessen bei Calvin Candie, an dem neben Schultz und Django auch Calvins Schwester und sein Anwalt teilnehmen. Die Szene umfasst eine knappe halbe Stunde und ist annähernd szenisch, das heißt zeitdeckend erzählt. Sie beginnt mit der Darstellung des Tischdeckens, das als einstudierte Performance der Hausdienerschaft mit synchron ausgeführten Handgriffen inszeniert wird. Dies deutet allgemein auf die Theatralität hin, die das Leben in Candieland auszeichnet, das von Candie wie ein dekadenter Hofstaat geführt wird (nicht nur reimt sich Candie auf Dandy, auch sein alliterierender Name legt das Gekünstelte seiner Lebensweise offen, während die Bezeichnung seines Anwesens zudem ein luxuriöses Schlaraffenland assoziieren lässt). Des Weiteren deutet die Szene auf die ebenso theatralischen Implikationen der Dialogszene voraus. Dazu erklingt das melancholisch-rührende *Ancora qui* von Elisa Toffoli und Ennio Morricone – eine Originalkomposition für den Film –, die in die Folgeszene überleitet, in der sich Django seiner Frau zu erkennen gibt.

Während des Essens gibt Candie in bemühter Witzigkeit einige Anekdoten zum Besten, die sein Anwalt mit pflichtbewusstem Lachen quittiert. Er präsentiert sich als sprachgewandter Mann von Welt, der als Monsieur Candie angeredet werden möchte, ohne jedoch des Französischen überhaupt mächtig zu sein. Der eloquente und mehrsprachige Schultz scheint die Situation zu kontrollieren und gelangt mit Candie bezüglich des Handels tatsächlich zu einer Übereinkunft. Als sich Broomhilda, die Getränke serviert, angesichts einer plötzlichen Bemerkung von Candies Schwester über ihr offensichtliches Interesse an Django erschreckt, erkennt der argwöhnische Stephen die Wahrheit. Der bedrohliche Unterton der Szene wird schließlich dominant, als Schultz mit seinem eigentlichen Anliegen vorprescht (er möchte Broomhilda mit dem Hinweis auf ihre Deutschkenntnisse als günstige Dreingabe erhandeln), denn unmittelbar hierauf folgt die dramatische Wende: Candie ist von dem Verkauf des Sklaven so beschwingt, dass er den Gästen Broomhildas zerschundenen Rücken präsentieren möchte. Stephen unterstützt ihn dabei, um heimlich Djangos Geduld auf die Probe zu stellen. Wiederholte Nah- und Großaufnahmen setzen Stephens und Djangos unterdrückte Emotionen ins Bild, wobei Django den Blick von Stephen abwendet, der ihn unentwegt anstarrt. Abwechselnde, immer größer werdende Einstellungen vom nervösen Django, der ängstlichen Broomhilda und dem erregten Stephen steigern die Dramatik, bis Candies entrüstete Schwester der Szene ein Ende setzt. Stephen unterbricht das Gespräch, um den Handel zu verhindern, und bittet Candie in die Bibliothek, wo er ihm die wahren Absichten der beiden Gäste enthüllt.

Nach seiner Rückkehr an den Tisch dreht Candie den Spieß um und führt seinerseits eine beeindruckende Performance auf. Er präsentiert einen Schädel, den er in einer Box aufbewahrt – der Schädel des alten Ben, des schwarzen Hausdieners seines Vaters und seines Großvaters –, und legt nach Art der Phrenologie dar, warum Ben sich niemals gegen seine Herren erhoben hat: Weil Schwarze von Natur aus gehorsam seien. Seine rhetorische Machtübernahme spiegelt sich in Schultz' Rat- und Sprachlosigkeit angesichts von Candies Argumentation. Die Bedrohung, die von Candies Kontrolle über die Handlung ausgeht, wird zum einem in dem Schädel symbolisiert, zum anderen in der Säge, die Candie hervorholt, um den Schädel aufzusägen, was Unheilvolles ahnen lässt. Hierfür erhebt er sich und wird fortan in Untersicht präsentiert – eine gemäß der im Film etablierten Bildsymbolik deutliche Visualisierung der verschobenen Machtverhältnisse. Die Bedrohung wird schließlich real, als Candies Männer plötzlich ihre Waffen auf die Gäste richten und Broomhilda von Stephen in den Raum gezerrt wird. Candie verkündet den Preis für Broomhilda und forciert den Geschäftsabschluss, indem er ihren Kopf auf den Tisch drückt und sie mit einem Hammer zu erschlagen droht. Als das Geld bezahlt wird, schlägt er den Hammer mit voller Wucht knapp neben ihren Kopf auf den Tisch und ruft „Sold!", was den dramatischen Höhepunkt seiner persönlichen Inszenierung bildet. Indem die inszenatorischen und handlungslenkenden Funktionen auf Candie übergehen, er sich also zum Spielleiter aufschwingt, rächt er sich dafür, dass Schultz ihm etwas vorgespielt hat – und zwar mit einer Performance, die für die drei Unterlegenen zum persönlichen Horrorstück avanciert. Die Dramatik der Episode speist sich insbesondere inhaltlich aus der Konfrontation der Figuren, denn die formale Inszenierung ist äußerst zurückhaltend: Die Kamera verhält sich unauffällig, Musik fehlt ganz. In ihrer räumlichen und zeitlichen Einheit evoziert die Szene somit die dichte Atmosphäre eines Kammerspiels.

Anschließend beruhigen sich die Gemüter im Salon, wo wie zur ironischen Kommentierung der geklärten Machtverhältnisse *white cake* serviert wird. Eine Bedienstete spielt Beethovens *Für Elise* auf einer Harfe. Die gezupfte klassische Musik steht im krassen Gegensatz zu der Androhung von Gewalt in der vorherigen Szene. Schultz, der von Erinnerungsblitzen an die Zerfleischung des Sklaven heimgesucht wird, hält dies nicht aus und bittet sie lautstark, das Spiel zu beenden. Dies ist ein abschließender Kommentar zur filmischen Ästhetisierung von Gewalt: Tarantino verweist damit auf sein modifiziertes ästhetisches Programm, nach dem moralisch fragwürdige Gewalt – das ist historisch reale, keine filmische Gewalt – nicht ästhetisiert werden darf, weil dies unerträglich wäre.

The Hateful Eight (2015)

I. Handlung

Der Schauplatz der Handlung ist der US-Staat Wyoming nach dem Ende des Amerikanischen Bürgerkriegs in der zweiten Hälfte des 19. Jahrhunderts. Dieser politische Hintergrund bildet die historische Kulisse für den Film, während sich die visuelle Kulisse auf eine verschneite Berglandschaft im Wechsel mit dem Interieur einer Holzhütte beschränkt.

Der afroamerikanische Kopfgeldjäger Major Marquis Warren wird, mitten in der verlassenen Schneelandschaft auf drei Leichen sitzend, von einer Postkutsche aufgenommen, die den Kopfgeldjäger John Ruth und seine Gefangene Daisy Domergue nach Red Rock befördern soll. Unterwegs nehmen sie einen weiteren, aus dem verschneiten Nichts auftauchenden Mann, Chris Mannix, auf, der sich als der neue Sheriff von Red Rock ausgibt. Das von rassistischen Untertönen geprägte Gespräch in der Kutsche dreht sich um den Bürgerkrieg und einen Brief, den Warren angeblich von Abraham Lincoln höchstpersönlich erhalten hat und wie ein Heiligtum immer bei sich trägt. Der Schneesturm wird stärker und zwingt die Gruppe, in „Minnie's Haberdashery", einer Mischung aus Gaststätte, Ranch und Kurzwarenladen, Halt zu machen. Hier treffen sie zwar nicht die Besitzerin Minnie an, stattdessen aber vier weitere Männer, die auf dem Weg nach Red Rock sind: einen alten General, einen Cowboy, einen Engländer und einen Mexikaner. Argwöhnisch machen die Männer sich einander bekannt, während die Gefangene an Handschellen von John Ruth mitgeschleift wird, der aus Sorge um sein Kopfgeld nach und nach die anderen ihrer Waffen beraubt. Nur Warren behält seine Waffe und erschießt damit den rassistischen General Sandy Smithers, nachdem er ihm eine demütigende Geschichte über dessen Sohn aufgetischt hat. Ab hier entwickelt sich die Geschichte zu einem Westernkrimi mit Splatterelementen. Jemand hat den Kaffee vergiftet: John Ruth und Kutscher O.B. sterben. Nur Domergue hat es beobachtet, und Warren versucht zu ermitteln, wer es gewesen und was zuvor in dieser Hütte mit Minnie geschehen ist. Dies wird in einer Rückwendung erzählt: Vier andere Passagiere sind angereist; unter ihnen Daisy Domergues Bruder Jody, der beabsichtigt, seine Schwester zu befreien. Ein Massaker wird angerichtet, bei dem auch Minnie und ihr Mann getötet werden. Jody versteckt sich unter den Holzdielen im Keller und wird Warren von dort aus später in den Schritt schießen. Am Ende wird nicht nur Jodys Gang getötet. Alle sind tot außer Warren und Mannix, die, nachdem sie Domergue gehängt haben, schwer verwundet daliegen, während Mannix den vermeintlichen Brief von Lincoln vorliest.

Es spielen insgesamt mehr als acht Personen mit. Die verhassten Acht sind die beiden Kopfgeldjäger, die Gefangene, der Sheriff, der General, der Cowboy, der Engländer und der Mexikaner. Dabei sind der Kutscher und die am Morgen ermordete Gruppe nicht mitgerechnet. Der Titel spielt zugleich darauf an, dass es sich bei *The Hateful Eight* um den achten Film Tarantinos handelt, wenn man die *Kill Bill*-Filme zusammenzieht.

II. Produktion und Rezeption

Was die Produktion von *The Hateful Eight* besonders auszeichnet, ist erstens die Tatsache, dass auf 65-Millimeter-Filmmaterial gedreht wurde (das Verfahren heißt Ultra Panavision – das Filmnegativ wird im Anschluss auf 70-Millimeter-Material kopiert), und zweitens, dass Tarantino es endlich geschafft hat, seinen Lieblingskomponisten Ennio Morricone für einen umfassenden Originalscore zu gewinnen. In den Genuss der Ultraweit-Optik wird nur ein geringer Teil der Filmzuschauer gekommen sein, denn in den meisten Kinos kann nur die digitale Fassung gezeigt werden, deren Laufzeit mit 167 Minuten im Vergleich zu den 187 Minuten der 70-Millimeter-Fassung etwas kürzer ist (die längere Version ist geringfügig anders geschnitten und enthält eine etwa 12-minütige „Intermission"). Die Aufnahmen der verschneiten Berglandschaft – gedreht wurde der Film im Winter 2014 in Colorado, dem US-Staat, der südlich an den Schauplatz Wyoming angrenzt – sind sicherlich für das Breitbild prädestiniert. Bedenkt man jedoch, dass sich die Handlung zu einem Großteil im Inneren von Minnies Miederwarenladen abspielt, so erscheint das Aufnahmeverfahren unverhältnismäßig aufwändig. Es verleiht dem Film jedoch ebenso einen besonderen Charakter wie die Kompositionsarbeit Morricones. Tarantino wollte immer schon einen eigenen Soundtrack von Morricone haben, aber der Komponist hat wiederholt abgelehnt, teils aus Zeitgründen, teils aus Abscheu vor der Gewaltdarstellung.[1] Nur das Lied *Ancora qui* hat er zusammen mit Elisa Toffoli für *Django Unchained* komponiert. Ansonsten hat Tarantino in mehreren seiner Filme Morricone-Themen aus anderen Filmen verwendet. Morricone hat für *The Hateful Eight* keinen typischen Westernscore geschrieben, sondern Themen entwickelt, die sich sehr von seiner übrigen Filmmusik unterscheiden. Tarantino ließ ihm alle Freiheiten in der musikalischen Gestaltung. Fünf Musikstücke hat er schließlich mit dem Tschechischen National-Symphonieorchester aufgenommen und für den Film zur Verfügung gestellt. Es war dann Tarantinos Entscheidung, das Stück mit den düsteren Fagottstimmen für die Ouvertüre zu wählen. Zwar kommt auch *The Hateful Eight* nicht ohne die für Tarantino-Filme typischen Pop-Songs aus, aber dieses Mal prägt die Originalmusik Morricones die Atmosphäre des Films wesentlich. Die Titelmelodie wird zum unverkennbaren Markenzeichen. Dafür trägt Morricone 2016 neben vielen anderen Preisen seinen ersten Oscar und den Golden Globe für den besten Originalscore davon. Oscar-Nominierungen erhielten außerdem Jennifer Jason Leigh als beste Nebendarstellerin und Robert Richardson für die beste Kamera. Der Film hat bei einem Budget von 44 Millionen Dollar bereits zwei Monate nach seiner Premiere weltweit mehr als 145 Millionen Dollar eingespielt.

Die Kritik ist wie immer gespalten, denn die einen feiern die meisterhafte Ästhetik des Films und heben neben der Bildlichkeit besonders den Soundtrack von Morricone hervor; die anderen klagen über langweilige Dialoge, unausgegorene Charakterzeichnungen und die Gewaltorgien.[2] Was die Gewalt angeht, so besteht einige Ratlosigkeit ob der moralischen Intention, die zuvor in *Django Unchained* so offensichtlich war. Der *Standard* aus Österreich schreibt etwa: „*The Hateful Eight* ist Tarantinos dunkelster Film, trotz aller Scherze, an denen es auch nicht fehlt. Nihilistisch ist er deshalb nicht, es fehlt bloß die Halterung jedweder Moral."[3] Das Böse, Gewaltsame und Komische finden wir in allen Tarantino-Filmen vereint. Gewaltdarstellung ohne moralische Verankerung dürfte nihilistisch genannt werden, wäre es kein Tarantino-Film. Aber die moralische Bodenlosigkeit, die ins Komische übertriebenen und als fiktiv markierten Gewaltexzesse, die mal witzigen, mal fiesen Dialoge dürften Tarantino-Kenner kaum überraschen. Daher kommt der *Guardian* auch zu dem Schluss: „Tarantino has created another breathtakingly stylish and clever film, a Jacobean western, intimate yet somehow weirdly colossal, once again releasing his own kind of unwholesome crazy-funny-violent nitrous oxide into the cinema auditorium for us all to inhale."[4] Dennoch suchen viele, die das Blutspritzen weder stylish noch lustig finden, nach seiner Legitimierung in der Rassismus-Kritik Tarantinos. So resümiert die *Frankfurter Allgemeine Zeitung*: „Tarantinos neuer Film feiert seine blutigen Orgien im Reich der Affekte, des Horrors und Splatters, während der Regisseur behauptet, etwas Substantielles zur Frage der Rassenbeziehungen beizutragen. Dagegen lässt sich dann doch die Frage einwenden, ob seine Blutbäder den Zuschauer emotional oder intellektuell an einen Ort führen, an dem sich ein Aufenthalt lohnen würde. Nun, beim achten Film, heißt die Antwort: nein."[5] Dem ist entgegenzuhalten, dass die selbstreflexive Markierung der Filmgewalt als fiktiv und ihre kontinuierliche Übertreibung ins Komische grundsätzlich ausschließen, dass Tarantino hier moralische Behauptungen aufstellt.

III. Inhaltliche Analyse

Nicht nur ist der schwarze Mann die Hölle für die Weißen, wie das letzte Kapitel des Films mit dem Titel „Black Man, White Hell" suggeriert, sondern hier ist jeder dem anderen die Hölle. Dies ist die Idee von *The Hateful Eight*: dass acht fiese Typen mitten im Nirgendwo zusammengesperrt sind wie in einer geschlossenen Gesellschaft. Es ist eine Grenzsituation, die Philosophen an Sartre, Cineasten an Horrorfilme und Krimifans an Agatha Christie[6] erinnern mag. Schon an Tarantinos Debütfilm *Reservoir Dogs* ist diese Konstellation zu erkennen, die der Regisseur unter anderem von John Carpenters *The Thing* (1982) entlehnt hat, einem Horrorstreifen

Abb. 26

mit Kurt Russell, in dem eine Forschergruppe in der Antarktis festsitzt und sich gegen Außerirdische zur Wehr setzen muss. Der Anfang von *The Hateful Eight* lässt sich aufgrund der Ouvertüre auch mit Stanley Kubricks *The Shining* (1980) vergleichen, denn in beiden Fällen werden wir visuell in eine einsame Berglandschaft eingeführt, die bedrohlich wirkt. Das Bedrohliche wird in beiden Fällen aber nicht durch die menschenleere Kargheit der Bilder allein, sondern vor allem durch den Soundtrack erzeugt, denn die eingängigen tiefen Töne verkünden Unheil, wie es im Horrorfilmgenre üblich ist. Mit Genrekonventionen arbeitet Tarantino in allen Filmen, um sie zu überschreiten, zu mischen und zu ironisieren. *The Hateful Eight* ist ein kammerspielartiger Splatter-Krimi-Western. In einem Interview sagt Tarantino, dass ihn die Idee fasziniert hat, Figuren als Überlebende einer Apokalypse zu zeigen.[7] Es gibt nur noch ein paar Schurken, der Rest der Welt ist verschwunden. Dadurch kommt es zu der Kammerspielatmosphäre, die bereits in *Reservoir Dogs* durch das gegenseitige Misstrauen in der Gruppe zu einer intensiven Spannung geführt hat und auf deren gewaltige Entladung auch *The Hateful Eight* hinausläuft. Das von Kubrick für seinen Horrorfilm verwendete *Dies irae* hätte zu Tarantinos Film auch gepasst, denn das Kruzifix, das während der Ouvertüre lange zu sehen ist (siehe Abbildung 26), könnte gepaart mit der Musik den „Tag des Zorns", das Jüngste Gericht, ankündigen. Aber auch so ist der sich abwendende Christus in Begleitung der düsteren Komposition Morricones ein Symbol der Abwesenheit Gottes, durch die dem Bösen Tür und Tor geöffnet wird.

Viele Merkmale der Filmästhetik Tarantinos finden sich in *The Hateful Eight* wieder: die Genremischung, die interfilmischen Verweise, die Dialoglastigkeit, die Fusion von Komik und Gewalt und mehr. Es gibt auch in diesem Film typenhafte Figuren, die aber durch das doppelte Spiel, das sie spielen, weniger greifbar und typenhaft sind, als sie scheinen. Die Konstellation der Figuren in der besonderen Situation ihrer Isoliertheit ist hier von Bedeutung. Dadurch kommt das Kammerspielartige stärker zur Geltung als in Tarantinos anderen Filmen. Es führt sogar zu einer Einheit von Ort und Zeit, die ungewöhnlich für seine sonst eher episodisch strukturierten Filme ist. Zwar gibt es auch hier eine Einteilung in Kapitel, deren Überschriften als Inserts eingeblendet werden. Die zeitliche Ordnung ist jedoch kein Puzzle wie in *Pulp Fiction*. Abgesehen von der Rückblende, in der Warren erzählt, wie er angeblich den Sohn des Generals gedemütigt hat, gibt es nur ein Kapitel, das die Chronologie durchbricht, nämlich „Chapter Five: The Four Passengers". In diesem Kapitel wird nacherzählt, was sich am selben Morgen in Minnies Miederwarenladen zugetragen hat. Ansonsten ist die Erzählweise linear und das Erzähltempo bis auf wenige Raffungen nahezu zeitdeckend, denn es wird sehr viel geredet. Hierzu passt, dass das dritte Kapitel, „Minnie's Haberdashery", eine ganze Stunde Spielzeit in Anspruch nimmt. Diese Echtzeitdarstellung verleiht dem Film Dichte, Intensität und Spannung. Die Lage ist durch die Verdächtigungen, Beleidigungen und Zwangsentwaffnungen so angespannt, dass der Zuschauer auf ihre Eskalation wartet. Diese beginnt am Ende des Kapitels, als der General erschossen wird.

Während die Gewaltdarstellung in *Django Unchained* zumindest hinsichtlich der Sklavenmisshandlung historisch gerechtfertigt war und gesellschaftskritisch gedeutet werden konnte, dient sie hier eher der Komik, der Ausgestaltung der Machtverhältnisse und der unterhaltsamen Action. Zwar knüpft Tarantino mit *The Hateful Eight* an *Django Unchained* an, indem er das Western-Genre fortsetzt, aber von einer moralischen Wende im Werk Tarantinos lässt sich nicht sprechen. Denn zu den ernsthaften Gewaltszenen, die in *Django Unchained* den Sklavenhandel diskreditieren, gibt es in *The Hateful Eight* kein Pendant. Dieser Film modelliert Gewalt, wie bei Tarantino üblich, als Splatter-Spaß, nur mit noch mehr Stückchen im Kunstblut. Bereits auf der Ebene der Sprache stehen Gewalt und Diskriminierung im Vordergrund. Domergue bezeichnet Warren schon in den ersten Minuten des Films als „nigger" und äußert sich auch ansonsten in einer Weise, für die das kurz darauf erfolgende Rotzen aus der Nase sinnbildlich stehen kann. Daher mag der frauenfeindliche Umgang der Männer mit ihr weniger misogyn erscheinen, als er ist: „You ain't no goddamn lady", sagt Warren zu ihr, als sie ihn fragt, ob Neger ihre Frauen immer so schlecht behandeln. Von ihrem Kopfgeldjäger Ruth bekommt sie wiederholt Schläge, die sie aber mit einem fiesen Grinsen einsteckt, damit beim Zuschauer kein Mitleid aufkommt. Zuweilen werden die Schläge auch komisch in Szene gesetzt. Beispielsweise haut Warren ihr so heftig eine rein, nachdem sie seinen Lincoln-Brief bespuckt hat, dass sie samt Ruth, an den sie gekettet ist, aus der Kutsche fliegt. Die Komik der Übertreibung ist es auch, die später in den Blutspuckszenen am Werk ist, wobei das Nach-außen-Befördern von Ruths Innereien auch als Anspielung auf die eingeweidereichen Mutationen in *The Thing* gedeutet werden kann. *The Hateful Eight* generiert zuweilen auch eine Komik, die mit der Tücke des Objekts spielt, denn das Kettengespann Domergue-Ruth sorgt öfters für Komik, da auch Kaffeekochen und Suppelöffeln mit Handschellen zu zweit nicht so leicht gelingt. In diese Rubrik gehört auch das wiederholte, slapstickartige Zunageln der Tür, die durch den Schneesturm immerzu auffliegen will. Einen komischen Kontrast bildet zudem Minnies Miederwarenladen als Kulisse für die harten Jungs und das blutige Gemetzel – vor allem dann, wenn der Laden in eine Nord- und Südseite aufgeteilt wird, als repräsentiere er die Vereinigten Staaten von Amerika samt der gespaltenen Haltung zum Sklavenhandel.

Als antirassistisches Leitmotiv des Films kann der Lincoln-Brief gelten, der in drei Szenen im Vordergrund steht: Im ersten Kapitel bittet Ruth Warren, ihm seinen Brief noch einmal zu zeigen, von dem er offenbar schon weiß, und liest ihn andächtig. Der Brief ist wie ein Nimbus für Warren, der als Schwarzer auch nach dem Bürgerkrieg noch diskriminiert wird. Im dritten Kapitel behauptet Mannix mit sarkastischem Lachen, dass der Brief gefälscht sein muss, weil es schlicht undenkbar sei, dass der Präsident einem „nigger" schreibe. Darin spiegelt sich nicht nur Mannix' eigener Rassismus, sondern ebenso die Tatsache, dass sich auch nach dem Sezessionskrieg nicht viel in den Köpfen verändert hat. Warren gibt die Fälschung zu und rechtfertigt sich nach Ruth' Enttäuschung, indem er darauf hinweist, dass nur der Brief ihm Zugang zu seiner Kutsche verschafft habe. Er betrachtet ihn daher als eine Waffe gegen die Weißen. Obwohl der Lincoln-Brief diesen ernsthaften politischen Hintergrund hat, wirkt seine Erwähnung spätestens beim dritten Mal wie ein *running gag*. Ganz am Ende des Films möchte der schwer verletzte Mannix das berüchtigte Schriftstück auch einmal sehen und liest ihn laut vor. Eine feierliche Trompetenmusik begleitet diese Szene, um die Sakralisierung des Präsidenten-Briefes ironisch herauszustellen. Der letzte Satz, der Ruth bei seiner Lektüre in der Kutsche feuchte Augen der Rührung bereitete, lautet: „Ole Mary Todd is calling, so I guess it must be time for bed", und wird nun von Mannix belustigt kommentiert mit: „Ole Mary Todd... That's a nice touch." Der Beifall eines Gauners zur Gaunerei des anderen hat hier das letzte Wort. Immerhin scheinen in diesem Punkt beide Rassen vereint zu sein.

IV. Audiovisuelle Analyse

Nach Tarantinos Auffassung hätte die Handlung von *The Hateful Eight*, auf einer Theaterbühne dargeboten, nichts von ihrer Strahlkraft eingebüßt, denn ihre prägenden Merkmale sind die hohe Dialogizität und das spannungsvolle Kammerspiel.[8] So denkt Tarantino nicht nur über eine Theateradaption von *The Hateful Eight* nach, sondern lud bereits vor der Fertigstellung des Films zu einem Live-Hörspiel ins United Artists Theater nach Los Angeles ein, wo ein Großteil der Originalschauspieler das unfertige Drehbuch vortrug.[9] Was leistet das 70-Millimeter-Filmformat für eine Geschichte, die offensichtlich auch mit geringerem audiovisuellem Aufwand hätte inszeniert werden können? Das 70-Millimeter-Format ist in Filmen wie *Ben Hur* (1959), *Lawrence of Arabia* (1962) oder *2001: A Space Odyssey* (1968) eingesetzt worden und für die Aufnahme weiter Landschaften oder großer Menschenmassen prädestiniert, weil das Bild mit einem Seitenverhältnis von 2,2:1 sehr breit und aufgrund der großen Bildfläche besonders scharf ist. In diesem letzten Punkt unterscheidet sich die Verwendung des Breitbild-Materials vom kostengünstigeren CinemaScope-Verfahren, bei dem 35-Millimeter-Film mithilfe eines speziellen Objektivs in der Aufnahme zunächst gestaucht und bei der Projektion auf ein Seitenverhältnis von 2,35:1 verbreitert wird. Das Ultra-Panavision-

The Hateful Eight 155

Abb. 27

Verfahren, das in *The Hateful Eight* zum Einsatz kommt, erzeugt mit einem Seitenverhältnis von 2,76:1 sogar ein noch breiteres Bild. Tarantino betont jedoch, dass dieses Bildformat keinesfalls nur für die monumentalen Außenaufnahmen seines Films geeignet sei, denn es verleihe den Innenaufnahmen eine spezielle Intimität und Dichte; zum einen, weil es besonders scharfe und detaillierte Großaufnahmen ermögliche, zum anderen, weil der Zuschauer hierdurch angehalten werde, auch die Figuren im Bildhintergrund zu beobachten.[10] So tragen Detailreichtum und Schärfe der Bilder zu der kriminalistischen Erzählweise bei.

Die zahlreichen Großaufnahmen der Gesichter illustrieren den Argwohn der in der Hütte Eingeschlossenen und übersetzen deren Anspannung in die Spannung der Handlung. Vor allem der nur von Weißen umgebene und daher besonders argwöhnische Warren wird ein ums andere Mal in Detail-, Groß- und Nahaufnahmen gezeigt (siehe Abbildung 27). Als er Minnies Miederwarenladen betritt, entdeckt er ein rotes Bonbon in einer Rille des Holzbodens und ahnt, was dem Zuschauer später in einer Rückblende erzählt wird: Dass Minnie einer Schießerei in der Hütte zum Opfer gefallen ist und jemand hiernach vergessen hat, eine wichtige Spur zu beseitigen. Warrens detektivischer Spürsinn wird in den wiederholten Detailaufnahmen seiner Augen und seines umherschweifenden Blicks visualisiert. Allgemein dient ein Wechsel von halbnahen, nahen und großen Einstellungen der Inszenierung der zahlreichen Dialoge im Schuss-Gegenschuss-Verfahren, wobei die Zuspitzung der Gespräche von einer visuellen Annäherung an die Figuren begleitet wird. Typische Western-Einstellungen, wie die geheimnisvollen Detail- und Großaufnahmen der Stiefel bei der Ankunft der

Cowboys, fehlen genauso wenig wie Bildzitate aus früheren Tarantino-Filmen, wie die Untersicht auf Joe Gage, als er Minnie erschießt: Hier wird eine Einstellung aus *Kill Bill: Vol. 1* zitiert, die eine ebenfalls von Michael Madsen gespielte Figur nebst ihren drei Komplizen zeigt und wiederum auf eine Einstellung aus *Lady Snowblood* verweist, so dass Tarantino hier im zitierten Zitat vorführt, wie er sich in seinen Filmen Filmgeschichte zu eigen macht.

Es gibt zwei weitere audiovisuelle Selbstverweise mit wichtiger Funktion für die Handlung: Als Domergue dem Sheriff in einem atemlos vorgetragenen Monolog die Ausweglosigkeit seiner Situation angesichts ihrer immer näher kommenden Räuberbande skizziert, um ihn zur Aufgabe und Kooperation zu überreden, fährt die Kamera in einer Halbfahrt um sie herum, was die flüssige Argumentation und die drängende Dynamik ihrer Rede unterstreicht. Tarantino zitiert hiermit technisch, wie schon in *Django Unchained*, die Präsentation der *commode story* aus *Reservoir Dogs*. Die Rede wird von Warren allerdings mit einem Schuss in Domergues Fuß beantwortet, und er erobert sich seine Vormachtstellung als stärkster Redner mit einem sarkastischen Kommentar zurück. Ein weiterer markanter Selbstverweis ist die Kamerafahrt unter den Holzboden der Hütte, die dort das Versteck einer weiteren Person offenbart, die später als Daisys Bruder Jody identifiziert wird. Der Verweis auf die Kamerafahrt aus der Eröffnungssequenz von *Inglourious Basterds* setzt nicht nur die Doppelbödigkeit der Handlung treffend ins Bild, sondern betont auch den auktorialen Charakter der Szene, denn die Fahrt zum Zwecke der Spannungserzeugung ist rein kompositorisch motiviert. Einen auktorialen Eingriff stellt auch der Einsatz einer Erzählerstimme zu Beginn des vierten Kapitels („Domergue's Got a Secret") dar: Quentin Tarantino selbst trägt im Anschluss an die Erschießung des Generals im *voice over* vor, dass jemand während Warrens Erzählung den Kaffee vergiftet hat, verschweigt aber, wer es gewesen ist. Ebenso wird auf der Bildebene, die den *voice over* illustriert und das Gespräch zwischen Warren und Smithers aus anderer Perspektive wiederholt, der Täter ausgespart. Hierdurch wird auf eine die Fiktionalität betonende Weise das Kammerspiel in einen Whodunit-Krimi verwandelt.

Charakteristisch für die Atmosphäre des Films ist der Kontrast zwischen der in Blau-Weiß-Tönen dargestellten Kälte der Landschaft und den Behaglichkeit ausstrahlenden Braun-Gelb-Tönen der Innenaufnahmen. Dass mit General Sandy Smithers ausgerechnet die Figur als Erstes getötet wird, die es sich im Sessel am Kaminfeuer gemütlich gemacht hat, verdeutlicht die explosive Mischung der Figuren, die Minnies Wärme und Lebensmittel spendenden Miederwarenladen in einen Ort des Grauens verwandelt, an dem niemand sicher ist. Wie instabil die Lage der Gruppe ist, wird auch auditiv durch das beständige Pfeifen des Windes vermittelt sowie symbolisch durch die nur behelfsmäßig verschlossene Tür: Das allgemeine Misstrauen zerrt an den Nerven wie der Sturm an den Brettern der Hütte.

Die Eruption der Gewalt wird schließlich in Zeitlupe dargestellt und von ins Langsame verzerrten Stimmen begleitet. Einerseits wird die Gewalt im Stile eines „violent ballet" (siehe das Kapitel zu *Inglourious Basterds*) ästhetisiert, weil ihre Wucht detailgenau und in epischer Langsamkeit festgehalten wird. Andererseits fungiert der verlangsamte Ton als konterkarierendes Element. Dieselbe Wirkung der Komisierung der Gewaltdarstellung wird etwa durch das ausgiebige Bluterbrechen, das Zerschießen von Bobs Kopf mit zwei Pistolen gleichzeitig oder die ungeduldige Erschießung von Jody erzielt.

Die Stimmung des Films läge zwischen heiter, albern, aggressiv und abenteuerlich, gäbe es nicht die dämonisch eingängige Musik von Ennio Morricone. Es ist weniger der Splatter-Charakter in der zweiten Hälfte des Films als vielmehr der Score, der das Horrorgenre generiert. Zwar benutzt Tarantino ebenso Morricone-Musik aus Carpenters Horrorfilm *The Thing* (1982), so dass über das Atmosphärische hinaus auch eine interfilmische Beziehung zum Horrorgenre hergestellt wird. Das akustische Logo von *The Hateful Eight* ist aber *L'ultima diligenza di Red Rock*, die Originalkomposition Morricones, in der zwei Fagotte eine einprägsame, bedrohlich tiefe Melodie spielen. Ähnlich wie Bernard Herrmanns Melodie *Twisted Nerve*, die zur Erkennungsmelodie von *Kill Bill: Vol. 1* geworden ist (obgleich sie für einen anderen Film geschrieben wurde), hat das Morricone-Stück durch seine Wiederholungsstruktur einen hohen Wiedererkennungswert. Seine Erzählfunktion ist auf polarisierende Weise stimmungserzeugend, denn die Schneelandschaft an sich ist nicht unheimlich; erst die Musik lässt Böses ahnen. Später in Minnies Miederwarenladen treibt das Morricone-Stück *Bestiality* (aus *The Thing*) die Spannungen zwischen den Charakteren durch das Crescendo von hektischen und schrillen Tönen auf die Spitze, als Ruth und der Kutscher durch den vergifteten Kaffee auf dramatisch-bluterbrechende Weise zu Tode kommen.

Die Popmusik, die Tarantino einsetzt, hat zumeist durch ihre Lyrics eine ironisch kommentierende Funktion. Etwa läuft *Apple Bossom* von The White Stripes, in dem es um ein Mädchen mit Sorgen geht, dem niemand zuhört, als John Ruth Daisy die Nase bricht, nachdem sie ihn beleidigt hat. Die ironische Brechung geschieht hier jedoch doppelt, denn der Song wird durch das Augenzwinkern und Grinsen von Daisy auf der Bildebene wiederum konterkariert. Ein weiterer Popsong ist *Now You're All Alone* von David Hess, der eingespielt wird, als in Kapitel fünf („The Four Passengers") die Gruppe um Daisy Domergues Bruder das Massaker in Minnies Miederwarenladen angerichtet hat und, abgesehen von dem verschonten General, nur noch der fliehende Charlie „all alone" übrig bleibt, kurz darauf aber von Joe Gage erschossen wird. Im Abspann ist Roy Orbisons Song *There Won't Be Many Coming Home* zu hören, der einerseits zur Kriegsthematik passt, die mit dem Lincoln-Brief den Film abschließt, andererseits als spöttisches Resümee von *The Hateful Eight* gedeutet werden kann, insofern am Ende fast alle tot sind.

V. Szenenanalyse

Genau in die Mitte des Films platziert Tarantino die zehnminütige Sequenz, an deren Ende General Sandy Smithers von Major Marquis Warren erschossen wird. Für die Handlung ist die Sequenz aus drei Gründen zentral: Erstens markiert sie den Umschwung von bloß sprachlichen Androhungen in tödliche Handlungen. Zweitens bekräftigt sie die Außenseiterrolle Warrens, der aus der Position des rassistisch Angefeindeten heraus die Kontrolle über die Handlung an sich reißt. Drittens unterstreicht sie die Kraft des Erzählens und verweist damit auf die Vormachtstellung rhetorisch starker Figuren bei Tarantino. Denn es ist die von Warren erzählte Geschichte, die Smithers so in Rage versetzt, dass er Warren bedroht und dieser ihn daraufhin in Notwehr erschießen kann, ohne dafür zur Rechenschaft gezogen werden zu können.

Scheinbar harmlos beginnt die Sequenz damit, dass Warren sich zu Smithers gesellt. Die Anerkennung des alten rassistischen Mannes hat er sich paradoxerweise durch seinen selbstbewusst-manipulativen Umgang mit den weißen Männern erworben. Warren gerade aus diesem Grund als Bürgerkriegsveteran und Gesprächspartner anzuerkennen, wird Smithers zum tödlichen Verhängnis. Er droht die Selbstkontrolle zu verlieren, als Warren behauptet, Smithers Sohn gekannt zu haben, woraufhin Warren ihm eine Waffe hinlegt, so als sei er bereit, für eine schon begangene, aber noch zu berichtende Tat den Preis zu bezahlen. Visuell wird diese Geste allerdings nicht als ehrenhaft, sondern als Teil eines perfiden Plans charakterisiert, denn Warrens Darstellung in Untersicht lässt seine manipulative Absicht erahnen, während der tattrige, zugedeckte Mann in seinem Sessel wie die Karikatur eines Gegners wirkt und dem Kopfgeldjäger hilflos ausgeliefert ist. Warren beginnt nun zu erzählen, dass Smithers' Sohn, wie zahlreiche andere Kopfgeldjäger, hinter ihm her war, um die Belohnung von fünftausend Dollar, die auf seinen Kopf ausgesetzt war, einzustreichen, dass aber niemand von ihnen das Geld gefunden habe, sondern bloß ihn: Warren. Die Szene erhält durch das Kaminfeuer im Hintergrund, die Verköstigung mit Rum und die begleitende diegetische Klaviermusik – der Mexikaner spielt, passend zur Weihnachtszeit, *Stille Nacht, heilige Nacht* – den gemütlichen Charakter eines Kamingesprächs, wobei die schiefen Töne des Stückes – der grobschlächtige Mexikaner verspielt sich mehrfach – illustrieren, dass hier etwas nicht stimmig ist. Als Warren dem General schließlich eröffnet, wie hilflos dessen Sohn vor ihm um sein Leben gefleht hat, nennt Smithers ihn einen gottverdammten Lügner. Das Treffende hieran ist, dass Warren kurz zuvor bereits als Lügner entlarvt worden ist, der sich durch die Erfindung der Brieffreundschaft mit Lincoln auf originelle Weise den Respekt der Weißen verschafft hatte. Wenn er in der Folge mit der üblen Drastik eines Gangster-Rappers beschreibt, wie er Smithers' Sohn in den verschneiten Bergen Wyomings zu einer demütigenden Fellatio gezwungen hat, steht der Wahrheitsgehalt des Berichts wegen der Ungeheuerlichkeit des Erzählten nicht nur für den General infrage. Dies wird audiovisuell dadurch bekräftigt, dass Smithers' Sohn in der Rückblende, die ihn um sein Leben flehend zeigt, mit der Stimme Warrens spricht. Die Bilder werden eindeutig als Illustration von Warrens Erzählung ausgewiesen und haben keinen Anspruch auf objektive Wahrheit. Demgegenüber nimmt sich die Musikuntermalung wie eine auktoriale Beglaubigung aus, denn die Erzählung, wie Warren den nackten Sohn stundenlang durch den Schnee treibt und ihn dann zu der erwähnten Handlung zwingt, wird nicht länger durch das diegetische Klavierstück begleitet, sondern nicht-diegetisch durch das bedrückende Titelthema Morricones. Audiovisuell wird Warrens Erzählung hinsichtlich ihres Wahrheitsgehalts also ambivalent bewertet. Hierum geht es, wenn die Figuren in *The Hateful Eight* den Mund aufmachen: Entscheidend ist nicht, ob das Erzählte der Wahrheit entspricht, sondern nur, wie eindrücklich es ist. Was zählt, ist, ob jemand sein Mundwerk einzusetzen versteht und sich mit der Wirkung des Erzählten Respekt verschaffen kann. Beispielsweise wird Domergue die Geschichte, dass fünfzehn Banditen schon auf dem Weg seien, um sie zu retten, nicht abgenommen, wofür sie mit dem Leben bezahlt. Smithers glaubt hingegen Warrens Geschichte, und seine Überzeugung kostet ihn sein Leben.

Wo es nicht nur um das Erzählte, sondern auch um die Art und Weise, wie erzählt wird, geht, dort handelt es sich um einen Selbstverweis im Erzählen. Diese Selbstreflexivität zeigt sich in der Auseinandersetzung zwischen den beiden Männern auf medienspezifische und komische Weise darin, dass Smithers immer tiefer in seinen Sessel versinkt und sich die Decke bis unters Kinn zieht, so als schaue er gerade einen schockierenden Horrorfilm an. Dies ist als Kommentar zur identifikatorischen Absicht von Warrens Erzählung zu verstehen, da Smithers die Demütigung seines Sohnes in seiner Vorstellung nacherlebt. Das Hinabsinken der Kamera während einer Überblendung identifiziert Smithers visuell mit dem knienden Sohn aus Warrens Erzählung und bestätigt damit gleichzeitig, was Warren in einer bösen rhetorischen Frage über seine Geschichte behauptet, nämlich, dass sie wohl die Fantasie anrege. In einer moralischen Schlusspointe setzt er das gebrochene Versprechen, dem sich todfrierenden Sohn eine Decke auszuhändigen, mit dem falschen Versprechen gleich, das die Union den schwarzen Soldaten gegeben hatte: mit der Aushändigung der Uniform als Soldaten und damit als vollwertige Menschen anerkannt zu werden. Warrens kalkulierte Lügen entpuppen sich als Retourkutsche für die Verlogenheit und den Rassismus der US-amerikanischen Nordstaaten. Das Mittel der Rache ist eine Erzählung, die so versiert ist, dass die Frage nach ihrem Wahrheitsgehalt in den Hintergrund tritt.

Wie in *Django Unchained* inszeniert Tarantino einen rhetorisch beschlagenen Rächer, dessen Sprech- und Schießkunst gleichermaßen ausgeprägt sind. Anders als im Vorgängerfilm wird der sozialkritische Kommentar jedoch nicht erhärtet. Mit dem Schuss in den Schritt, der Warren langsam verbluten lässt, wird seine zynische Erzählung auf zynische Weise beantwortet und ihrer Moral beraubt. Einerseits verweist Tarantino damit auf den bleibenden Rassismus nach dem Ende des Amerikanischen Bürgerkriegs. Andererseits wird ebenso deutlich, dass es Tarantino hier höchstens am Rande um die politische Botschaft, sondern vielmehr darum geht, sprachliche und filmische Gewalt auf komischer Grundlage zu verquicken. Die moralische Ambivalenz und ästhetische Inkonsistenz der Gewaltdarstellung aus *Django Unchained* lässt Tarantino in *The Hateful Eight* hinter sich.

Anmerkungen

Einleitung

1 Vgl. Quentin Tarantino 1992 im Interview mit Michel Ciment und Hubert Niogret in Peary (1998), S. 12.
2 Quentin Tarantino 1992 im Interview mit Michel Ciment und Hubert Niogret, zitiert nach Peary (1998), S. 12.
3 Quentin Tarantino 1992 im Interview mit Michel Ciment und Hubert Niogret, zitiert nach Peary (1998), S. 9.
4 Vgl. Clarkson (2007), S. 275.
5 Zitiert nach Clarkson (2007), S. 304.

Tarantinos Filmästhetik

1 Vgl. Quentin Tarantino 1992 im Interview mit Michel Ciment und Hubert Niogret in Peary (1998), S. 87.
2 Quentin Tarantino 1992 im Interview mit Michel Ciment und Hubert Niogret, zitiert nach Peary (1998), S. 25.
3 Quentin Tarantino 1992 im Interview mit Michel Ciment und Hubert Niogret, zitiert nach Peary (1998), S. 86.
4 Das Drehbuch ist online abrufbar unter http://www.imsdb.com/scripts/Kill-Bill-Volume-1-&-2.html.
5 Quentin Tarantino 1992 im Interview mit Michel Ciment und Hubert Niogret, zitiert nach Peary (1998), S. 87.
6 Quentin Tarantino 1992 im Interview mit Michel Ciment und Hubert Niogret, zitiert nach Peary (1998), S. 87 f.
7 Quentin Tarantino 1994 im Interview mit Godfrey Cheshire, zitiert nach Peary (1998), S. 96.

Drehbücher und sonstige Projekte

1 Quentin Tarantino 1993 im Interview mit Graham Fuller, zitiert nach Peary (1998), S. 51.
2 Vgl. Dawson (1995), S. 102.
3 Quentin Tarantino 1993 im Interview mit Graham Fuller, zitiert nach Peary (1998), S. 57.
4 Woods (1996), S. 135.
5 Quentin Tarantino 1995 im Interview mit Peter Biskind, zitiert nach Peary (1998), S. 148.

⁶ Vgl. den Artikel „Tarantino dreht ‚CSI'. Das ist der Horror pur" von Nina Rehfeld aus der *Frankfurter Allgemeinen Zeitung* vom 23. Mai 2005, der online einsehbar ist unter http://www.faz.net/aktuell/feuilleton/kino/tarantino-dreht-csi-das-ist-der-horror-pur-1229665.html.

Reservoir Dogs (1992)

¹ Gerüchteweise geht der Titel auf Tarantinos falsche Aussprache von Louis Malles Film *Au revoir les enfants* (1987) zurück. In jedem Fall hat der Titel keine konkrete Bedeutung, sondern soll stimmungsmäßig und assoziativ wirken. Für Tarantino bringt er den Film treffend auf den Punkt. Vgl. hierzu etwa Bernard (1995), S. 171.

² Vgl. den Artikel von Steve Persall vom 27. August 2002 in der *St. Petersburg Times*, erschienen online unter http://www.sptimes.com/2002/08/27/Floridian/The__Reservoir__water.shtml.

³ Quentin Tarantino im Interview mit John Hartl am 19. Oktober 1992 in *The Seattle Times*. Der Artikel ist online zu finden unter http://community.seattletimes.nwsource.com/archive/?date=19921029&slug=1521437.

⁴ Die Filmkritik vom 23. Oktober 1992 kann eingesehen werden unter http://articles.latimes.com/1992-10-23/entertainment/ca-523_1_reservoir-dogs.

⁵ Die Kritik erschien am 23. Oktober 1992 und steht online unter http://www.washingtonpost.com/wp-srv/style/longterm/movies/videos/reservoirdogsrhinson_a0a7c1.html.

⁶ Vgl. Dawson (1995), S. 47.

⁷ Vgl. Quentin Tarantino 1992 im Interview mit Michel Ciment und Hubert Niogret in Peary (1998), S. 17.

⁸ Vgl. Gormley (2005), S. 138 f.

⁹ Quentin Tarantino 1992 im Interview mit Michel Ciment und Hubert Niogret, zitiert nach Peary (1998), S. 15.

¹⁰ Quentin Tarantino 1992 im Interview mit Michel Ciment und Hubert Niogret, zitiert nach Peary (1998), S. 16.

¹¹ Vgl. Dawson (1995), S. 80.

¹² Vgl. etwa Liptay (2006), S. 114: „Die gezielt wegschwenkende Kamera begründet wesentlich die schockierende Wirkung der Folterszene in Quentin Tarantinos Regiedebüt *Reservoir Dogs* (1992)." Siehe auch Barthel (2005), S. 61: „Der Horror wird […] im Kopf erzeugt durch ein Nichtzeigen des Ereignisses."

¹³ So etwa von Ulatowski (2007), S. 97 f., der behauptet, dass die Folterszene Einsicht in die komplexe psychische Konstitution von Mr Blonde gebe.

Pulp Fiction (1994)

1. Vgl. Smith (2007), S. 106-110.
2. Quentin Tarantino 1994 im Interview mit Manohla Dargis, zitiert nach Peary (1998), S. 66 f.
3. Zu Hesekiel 25:17 vgl. Tarantino 1994 im Interview mit Manohla Dargis in Peary (1998), S. 84 und Smith (2007), S. 123 f.
4. Vgl. Barg (1996), S. 141.
5. Smith (2007), S. 122.
6. Vgl. Quentin Tarantino 1994 im Interview mit Manohla Dargis in Peary (1998), S. 67.
7. Vgl. Quentin Tarantino 1994 im Interview mit Manohla Dargis in Peary (1998), S. 86.
8. Quentin Tarantino 1994 im Interview mit Manohla Dargis, zitiert nach Peary (1998), S. 69.
9. Dies ist jedoch nicht der Fall. Krützen (2010, S. 234) schreibt, das Auto sei über ein „Schlagloch" gefahren. Dergleichen ist aber visuell nicht zu erkennen. Das Auto fährt ohne jegliches Ruckeln, so dass kein Grund zu zweifeln besteht, wenn Jules versichert, es habe keine Bodenwelle („bump") gegeben.
10. Vgl. Bernard (1995), S. 225.

Jackie Brown (1997)

1. Zitiert nach Woods (1998), S. 181.
2. Vgl. Smith (2005), S. 186.
3. Fischer (2004), S. 196.
4. Die Filmkritik vom 24. Dezember 1997 ist im Internet nachzulesen unter http://rogerebert.suntimes.com/apps/pbcs.dll/article?aid=/19971224/reviews/712240302/1023.
5. Vgl. Woods (1998), S. 188; Smith (2005), S. 194 und 197.
6. http://www.imsdb.com/scripts/Jackie-Brown.html.
7. Vgl. Fischer (2004), S. 187 f.

Kill Bill: Vol. 1 (2003)

1. Vgl. zu den Produktionshintergründen Smith (2005), S. 230, Fischer (in: Fischer/Körte/Seeßlen 2004), S. 219 und Page (2009), S. 213.
2. Die Kritik vom 10. Oktober 2003 ist online zu finden unter http://rogerebert.suntimes.com/apps/pbcs.dll/article?AID=/20031010/REVIEWS/310100304/1023.
3. Die Kritik vom 10. Oktober 2003 steht online unter http://movies.nytimes.com/2003/10/10/movies/10KILL.html?_r=0.

⁴ Vgl. Michael Haberlanders Filmkritik im Online-Filmmagazin *Artechock*, abrufbar unter http://www.artechock.de/film/text/kritik/k/kibiv1.htm.
⁵ Kilbs Besprechung vom 16. Oktober 2003 findet sich im Internet unter http://www.faz.net/aktuell/feuilleton/kino/kino-mit-dem-kleinen-hackebeilchen-kill-bill-volume-1-1134293.html.
⁶ Zu den Filmzitaten in den *Kill Bill*-Filmen siehe Hess (2005) und Blaseio/Liebrand (2006).
⁷ Detaillierte Sequenzprotokolle und Plotrekonstruktionen finden sich bei Lindemann/Schmidt (2006), S. 155-158 sowie Heiß (2011), S. 257 und 369-379.
⁸ Przybilski/Schössler (2006), S. 37. Zur Dekonstruktion des Schöne-Leiche-Topos siehe ebd., S. 50.
⁹ Fujitos Film ist eine Adaption des Mangas, dessen japanischer Originaltitel *Shurayuki-hime* lautet. Der Autor ist Kazuo Koike, der Illustrator Kazuo Kamimura und das japanische Original ist 1972/73 erschienen. Der englische Titel und die Publikation des Mangas in englischer Übersetzung sind erst 2005 zustande gekommen. Der Originaltitel enthält eine Anspielung auf „Schneeweißchen".
¹⁰ Im Drehbuch steht an der Stelle: „THE BRIDE: Hello sweety, I'm *(BLEEP)*, what's your name? * Whenever during the picture somebody says The Bride's real name, it will be BLEEPED OUT ON THE SOUNDTRACK, …that is, till I want you to know. *" (http://www.imsdb.com/scripts/Kill-Bill-Volume-1-&-2.html)
¹¹ Vgl. Smith (2005), S. 235; zum Einsatz von Computergrafiken (CGI) vgl. ebd., S. 232.
¹² Das Stück heißt *The Lonely Shepherd*, wurde ursprünglich von James Last geschrieben bzw. produziert und von dem rumänischen Panflötisten Gheorghe Zamfir mit Begleitung des James Last Orchesters gespielt. Es ist ebenfalls im Abspann des Films zu hören.
¹³ Visarius (2005), S. 160.

Kill Bill: Vol. 2 (2004)

¹ Vgl. Fischer (2004, S. 214), der für seine Analyse beide Filme zu dem Kapitel „Kill Bill" zusammenfügt, tatsächlich aber der Analyse des ersten Teils wesentlich mehr Platz einräumt und ihn stark von dem zweiten abgrenzt, den er als misslungen abtut.
² Die Kritik vom 16. April 2004 ist online zu finden unter http://rogerebert.suntimes.com/apps/pbcs.dll/article?AID=/20040416/REVIEWS/404160301/1023.
³ Stellvertretend hierfür Fischer (2004), S. 232. Als überflüssig empfindet er etwa die Szene mit dem Mexikaner Esteban, bei dem sich Beatrix nach Bills Aufenthaltsort erkundigt, oder die Szene, in der Budd im Striplokal als Rausschmeißer gekündigt wird.
⁴ Vgl. Heiß (2011, S. 260 f. und 275), die behauptet, dass sich letztendlich

genau jene Figuren durchsetzen, „welche sich souverän in verschiedenen kulturellen und generischen Traditionen bewegen können".
5 Heiß (2011), S. 251.
6 Löser (2004), S. 39.
7 Dies meint etwa Löser (2004), S. 38.
8 Blaseio/Liebrand (2006), S. 27.

Death Proof (2007)

1 Vgl. das Interview mit Quentin Tarantino im Feature „Introducing Zoë Bell" auf der Kaufversion der Doppel-DVD von Momentum Pictures aus dem Jahr 2008.
2 Vgl. hierzu und zu den Genrebezügen Tarantinos Aussagen in zahlreichen Interviews – beispielsweise mit *IndieLondon.co.uk*: http://www.indielondon.co.uk/Film-Review/death-proof-quentin-tarantino-interview.
3 Vgl. John Hiscocks Artikel *Quentin Tarantino: I'm proud of my flop* vom 27. April 2007 in *The Telegraph*, der online erschienen ist unter http://www.telegraph.co.uk/culture/film/starsandstories/3664742/Quentin-Tarantino-Im-proud-of-my-flop.html.
4 Kohler (2007), S. 25.
5 Der Artikel *Some Grind of Wonderful. Thrills, Chills, Spilling out of Clothes* vom 4. April 2007 ist im Internet abrufbar unter http://www.nypost.com/p/entertainment/movies/item_0AaOMFutlxJiTxMsxrQ3nJ;jsessionid=5A8FF4E4B7EBAE0F418C91C30175C245.
6 Der Artikel vom 31. März 2007 kann online eingesehen werden unter http://www.variety.com/review/VE1117933254/?categoryid=31&cs=1.
7 Die Kritik vom 26. Oktober 2007 findet sich auf Eberts Homepage unter http://www.rogerebert.com/apps/pbcs.dll/article?AID=/20071025/REVIEWS/710250304/1023.
8 Der Artikel *Sleaze City. „Grindhouse" and „The TV Set"* findet sich online unter http://www.newyorker.com/arts/critics/cinema/2007/04/16/070416crci_cinema_denby.
9 Schweizerhof (2007), S. 36.

Inglourious Basterds (2009)

1 Dies sagt Tarantino in einem Interview, das den Extras der DVD *Inglorious Bastards* (Universal Pictures, 2010) zu entnehmen ist.
2 In den USA ist der Film unter vielen verschiedenen Titeln im Umlauf (z. B. „Counterfeit Commandos" oder „G.I. Bro"), so dass Tarantino das Gefühl hat, als Einziger den Bastards-Titel zu kennen und für sich in Anspruch nehmen zu können. Vgl. das Gespräch zwischen Tarantino und Castellari auf der *Inglorious Bastards*-DVD (wie Anm. 1). Der deutsche Titel für den

Castellari-Film ist *Ein Haufen verwegener Hunde*. Castellari, der sich durch Tarantinos Film geehrt fühlt, hat in *Inglourious Basterds* einen kurzen Gastauftritt.

[3] Die Filmkritik erschien am 9. August 2009 und ist online abrufbar unter http://rogerebert.suntimes.com/apps/pbcs.dll/article?AID=/20090819/REVIEWS/908199995.

[4] Dargis schreibt: „The problem is that by making the star attraction of his latest film a most delightful Nazi, one whose smooth talk is as lovingly presented as his murderous violence, Mr. Tarantino has polluted that love." Die Filmkritik erschien am 20. August 2009 und ist online abrufbar unter http://movies.nytimes.com/2009/08/21/movies/21inglourious.html?ref=movies&pagewanted=1.

[5] Vgl. ebenfalls Dargis (wie Anm. 4). Siehe auch Lars-Olav Beiers Artikel „Quälend langsame Nazi-Walze" auf *Spiegel Online* vom 20. Mai 2009, online abrufbar unter http://www.spiegel.de/kultur/kino/0,1518,626076,00.html.

[6] „Und Erzählungen – ob von meiner Familie, aus Geschichtsbüchern oder diese filmische Version – sind doch alle gleichberechtigt." Dies äußert Waltz 2009 in einem Interview mit der *TV Movie*, zitiert nach Seeßlen (2011), S. 207.

[7] Im Drehbuch heißt es: „Most of The Basterds sit in a circle, Indian style, with Aldo in the middle." (http://www.imsdb.com/scripts/Inglourious-Basterds.html)

[8] von Sass (2009), S. 285 und 289. Dieser Artikel ist auch online abrufbar unter http://www.reformatio.ch/artikel/200904_285.pdf.

[9] So reagiert ein Leserbriefschreiber der *Frankfurter Allgemeinen Zeitung* auf einen Artikel von Verena Lueken, zitiert nach Seeßlen (2011), S. 48 f.

[10] Diedrich Diederichsen zufolge knüpft Tarantino daran an, wie Ernst Lubitsch in seinem Film *Sein oder Nichtsein* „den Nationalsozialismus bei seinen Repräsentationsorgien packt, bei seinen Auftritten, Schauspielereien und seiner Kulturindustrie". Siehe den Artikel *Skalpierte Nazi-Schädel sind nur Beigabe*, erschienen am 19. August 2008 im *Tagesanzeiger* und online unter http://www.tagesanzeiger.ch/kultur/kino/Skalpierte-NaziSchaedel-sind-nur-Beigabe/story/26568757.

[11] „The Face on the silver screen, breaks the young girl's heart…", heißt es im Drehbuch. (http://www.imsdb.com/scripts/Inglourious-Basterds.html)

[12] Dies sagt Tarantino in dem Gespräch mit Castellari, das den Extras der *Inglorious Bastards*-DVD (wie Anm. 1) zu entnehmen ist.

[13] Die Analogie zu Orwells *Nineteen Eighty-Four* (1949) ist laut Drehbuch intendiert.

Django Unchained (2012)

1. Quentin Tarantino in einem Essay, der unter dem Titel *Quentin Tarantino Tackles Old Dixie by Way of the Old West (by Way of Italy)* am 30. September 2012 im *New York Times Magazine* erschienen und online abrufbar ist unter http://www.nytimes.com/2012/09/30/magazine/quentin-tarantino-django.html.
2. Vgl. Quentin Tarantino im Interview mit Henry Louis Gates Jr., erschienen am 23. Dezember 2012 im Online-Magazin *The Roots*: http://www.theroot.com/views/tarantino-unchained-part-1-django-trilogy.
3. „Fiktionale Geschichten innerhalb eines historischen Rahmens können eine Katharsis erzeugen, die über historische Realität hinausgeht. Sie können den Opfern der Geschichte eine Illusion von Rache und Genugtuung anbieten." So Quentin Tarantino im Interview mit *ZEIT ONLINE*, das am 9. Januar 2013 online erschienen ist: http://www.zeit.de/kultur/film/2013-01/Quentin-Tarantino-Interview-Django-Unchained.
4. Quentin Tarantino im *Playboy*-Interview, das am 3. Dezember 2012 auch im Internet publiziert wurde: http://www.playboy.com/playground/view/interview-quentin-tarantino.
5. Vgl. Quentin Tarantino im *Playboy*-Interview (wie Anm. 4).
6. Vgl. Quentin Tarantino am 12. Januar 2013 in dem Artikel *Go ahead, take your best shot: Quentin Tarantino on the story behind his Western Django Unchained*, online erschienen unter http://www.dailymail.co.uk/home/moslive/article-2260197/Quentin-Tarantino-Django-Unchained-The-story-Western.html.
7. Die Kritik vom 24. Dezember 2012 findet sich im Internet unter http://www.chicagotribune.com/entertainment/movies/sc-mov-1221-django-unchained-20121225,0,517286.column.
8. Die Besprechung erschien am 24. Dezember 2012 online unter http://movies.nytimes.com/2012/12/25/movies/quentin-tarantinos-django-unchained-stars-jamie-foxx.html.
9. Tarantino ist sich sicher, dass es diese Kämpfe zwischen Sklaven gab und dass sie aus Gründen der Attraktivität bis zum Tod eines Kämpfers dauerten – historische Belege gibt es hierfür aber nicht. Vgl. Quentin Tarantino im Interview mit *Spiegel Online*, erschienen am 22. Januar 2013 unter http://www.spiegel.de/kultur/kino/interview-mit-django-unchained-regisseur-quentin-tarantino-a-878318.html.

The Hateful Eight (2015)

1. Zum Soundtrack und zu Aussagen Morricones über *The Hateful Eight* siehe http://www.rollingstone.com/movies/news/ennio-morricone-goes-inside-hateful-eight-soundtrack-20160111#ixzz3yupqVCBc.
2. Positiv sind beispielsweise die Rezensionen in der *Süddeutschen Zeitung* und im *Guardian* ausgefallen, etwas kritischer die in der *New York Times*, *Neuen Züricher Zeitung*, *Berliner Zeitung* und in der *Frankfurter Allgemeinen Zeitung*.
3. Dominik Kamalzadeh im *Standard* vom 27. Januar 2016, im Internet nachzulesen unter: http://derstandard.at/2000029877587/The-Hateful-Eight-Showdown-hinter-verriegelten-Tueren.
4. Peter Bradshaw im *Guardian* vom 16. Dezember 2015, online auffindbar unter: http://www.theguardian.com/film/2015/dec/15/the-hateful-eight-review-quentin-tarantino-takes-agatha-christie-adds-gags-more-guns-and-samuel-l-jackson.
5. Verena Lueken in der *Frankfurter Allgemeinen Zeitung* vom 27. Januar 2016. Die Kritik findet sich online hier: http://www.faz.net/aktuell/feuilleton/kino/video-filmkritiken/quentin-tarantinos-the-hateful-eight-in-der-filmkritik-14035609.html.
6. In Agatha Christies Kriminalroman *Ten Little Niggers* (1939) sind zehn Personen auf einer Insel isoliert, während einer nach dem anderen getötet wird. Auch hier wird der Erste vergiftet; auch hier verdächtigt man sich gegenseitig und es wird gerätselt, wer der Mörder ist; auch hier gibt es eine Frau, die durch den Strick zu Tode kommt.
7. Vgl. Tarantino im Interview mit Dominik Kamalzadeh im *Standard* vom 27. Januar 2016, zu finden unter: http://derstandard.at/2000029887366/Ich-habe-meinen-Hass-in-ein-Drehbuch-gesteckt.
8. So Tarantino 2015 in einem Gespräch mit mehreren Star-Regisseuren, zu dem der *Hollywood Reporter* geladen hatte. Ein Zusammenschnitt seiner Aussagen findet sich etwa unter http://www.hollywoodreporter.com/news/quentin-tarantino-im-going-make-847476.
9. Siehe die Gesprächsrunde mit Tarantino aus Anm. 8.
10. Vgl. die Pressekonferenz zum Film, die unter anderem von Christina Radish für das Filmmagazin *Collider* dokumentiert worden ist: http://collider.com/quentin-tarantino-the-hateful-eight-interview.

Bibliografie

Barg, Werner: Die Tragikomik der Gewalt – Quentin Tarantinos *Pulp Fiction*. In: Werner Barg / Thomas Plöger: Kino der Grausamkeit. Die Filme von Sergio Leone, Stanley Kubrick, David Lynch, Martin Scorsese, Oliver Stone und Quentin Tarantino. Frankfurt/Main 1996, S. 135-144.

Barlow, Aaron: Quentin Tarantino. Life at the Extremes. Santa Barbara/CA u. a. 2010.

Barthel, Korinna: Das Quentchen Gewalt. Heiße und Kalte Gewalt in den Filmen Quentin Tarantinos. Marburg 2005.

Bernard, Jami: Quentin Tarantino: The Man and His Movies. New York/NY 1996.

Blaseio, Gereon / Liebrand, Claudia: „Revenge is a dish best served cold." ‚World Cinema' und Quentin Tarantinos *Kill Bill*. In: Geisenhanslüke/Steltz (2006), S. 13-33.

Charyn, Jerome: Raised by Wolves: The Turbulent Art and Times of Quentin Tarantino. New York/NY 2006.

Clarkson, Wensley: Quentin Tarantino. The Man, the Myths and his Movies. London 2007.

Dassanowsky, Robert von (Hg.): Quentin Tarantino's *Inglourious Basterds*. A Manipulation of Metacinema. New York/London 2012.

Dawson, Jeffrey: Quentin Tarantino: The Cinema of Cool. New York/NY 1995.

Fischer, Robert: Die Filme. In: Ders./Körte/Seeßlen (2004), S. 87-234.

Fischer, Robert / Körte, Peter / Seeßlen, Georg: Quentin Tarantino. Vierte, erw. und neu bearb. Aufl. Berlin 2004.

Fleming, Paul: Kill Kiddo. Superman und die Maske der Mittelmäßigkeit. In: Geisenhanslüke/Steltz (2006), S. 173-181.

Gallafent, Edward: Quentin Tarantino. Harlow u. a. 2006.

Geisenhanslüke, Achim: „Silly Caucasian girl likes to play with samurai swords." Zur Affektpolitik in Quentin Tarantinos *Kill Bill*. In: Geisenhanslüke/Steltz (2006), S. 111-131.

Geisenhanslüke, Achim / Steltz, Christian (Hg.): Unfinished Business: Quentin Tarantinos *Kill Bill* und die offenen Rechnungen der Kulturwissenschaften. Bielefeld 2006.

Gormley, Paul: Miming Blackness: Reservoir Dogs and ‚American Africanism'. In: Ders.: The New-Brutality Film. Race and Affect in Contemporary Hollywood Cinema. Bristol u. a. 2005, S. 137-158.

Greene, Richard / Mohammad, Silem K. (Hg.): Quentin Tarantino and Philosophy: How to Philosophize with a Pair of Pliers and a Blowtorch. Chicago 2007.

Heiß, Nina: Erzähltheorie des Films. Würzburg 2011.

Hess, Ralf: Der sanfte Plünderer. Über Querverweise in und Inspirationsquellen von „Kill Bill". In: steadycam 48 (2005), S. 56-93.

Holm, Douglas K.: Kill Bill. An Unofficial Casebook. London 2004.

Kohler, Michael: Death Proof – Todsicher. In: film-dienst. Band 60.2, Heft 15 (2007), S. 25.

Kohns, Oliver: Modelle der Traditionsbildung in *Kill Bill*: Verrat, Mord, Rache. In: Geisenhanslüke/Steltz (2006), S. 159-172.

Lindemann, Uwe / Schmidt, Michaela: Die Liste der Braut. Einige Bemerkungen zur Filmästhetik von Quentin Tarantinos *Kill Bill*. In: Geisenhanslüke/Steltz (2006), S. 133-158.

Liptay, Fabienne: Leerstellen im Film. Zum Wechselspiel von Bild und Einbildung. In: Thomas Koebner / Thomas Meder / Fabienne Liptay (Hg.): Bildtheorie und Film. München 2006, S. 108-134.

Löser, Claus: Kill Bill: Vol. 2. In: film-dienst. Band 57.1, Heft 9 (2004), S. 38 f.

Nagel, Uwe: Der rote Faden aus Blut. Erzählstrukturen bei Quentin Tarantino. Marburg 1997.

Page, Edwin: Quintessential Tarantino. London 2005.

Parr, Rolf: Is everything alright in the jungle at last? Irritationen im Dreieck von Genrekonventionen, erwarteten Szenarien von De-Normalisierung und unerwarteten Normalisierungen in *Kill Bill*. In: Geisenhanslüke/Steltz (2006), S. 95-110.

Peary, Gerald (Hg.): Quentin Tarantino – Interviews. Jackson/MS 1998.

Przybilski, Martin / Schößler, Franziska: Bell und Bill, Buck und Fuck: Gespaltene Geschlechter und flottierende Signifikanten in Tarantinos *Kill Bill*. In: Geisenhanslüke/Steltz (2006), S. 35-52.

Schmitt, Christian: Zitatbilder. Das Pathos ‚auf zweiter Stufe' in Quentin Tarantinos *Kill Bill Vol. 1 & 2*. In: Ders.: Kinopathos. Große Gefühle im Gegenwartsfilm. Berlin 2009, S. 92-113.

Schweizerhof, Barbara: Death Proof – Todsicher. Quentin Tarantinos Hommage an das B-Kino der frühen Siebziger. In: epd Film. Band 24, Heft 8 (2007), S. 36.

Seeßlen, Georg: Quentin Tarantino gegen die Nazis: Alles über *Inglourious Basterds*. Berlin 2011.

Smith, Jim: Tarantino. London 2005.

Ulatowski, Joseph: Stuck in the Middle with You: Mr. Blonde and Retributive Justice. In: Greene/Mohammad (2007), S. 97-107.

Visarius, Karsten: Böse Menschen, schöne Wut. Quentin Tarantinos *Kill Bill*. In: Margrit Frölich / Reinhard Middel / Karsten Visarius (Hg.): Außer Kontrolle. Wut im Film. Marburg 2005, S. 153-165.

Volk, Kurt (Hg): Grindhouse: „The Sleaze-Filled Saga of an Exploitation Double Feature". New York/NY 2007.

von Sass, Hartmut: Ambivalenz des Lachens. Quentin Tarantinos „Inglorious Basterds" [sic!]. In: Reformatio. Band 58, Heft 4 (2009), S. 285-289.

Woods, Paul A.: King Pulp. The Wild World of Quentin Tarantino. London 1996.

Filmografie

1992: *Reservoir Dogs* (dt.: *Reservoir Dogs – Wilde Hunde*)

99 Minuten; 35 mm; Farbe; USA; Regie und Drehbuch: Quentin Tarantino (Radiokommentar-Text: Quentin Tarantino und Roger Avary); Produktion: Lawrence Bender; Koproduktion: Harvey Keitel; ausführende Produktion: Richard N. Gladstein, Monte Hellman, Ronna B. Wallace; Kamera: Andrzej Sekula; Schnitt: Sally Menke; Ton: Stephen H. Flick; Produktionsdesign: David Wasco; Darsteller/-innen: Harvey Keitel (Mr White), Tim Roth (Mr Orange/Freddy Newandyke), Michael Madsen (Mr Blonde), Chris Penn (Eddie Cabot), Steve Buscemi (Mr Pink), Lawrence Tierney (Joe Cabot), Edward Bunker (Mr Blue), Quentin Tarantino (Mr Brown) u. a.

1994: *Pulp Fiction*

154 Minuten; 35 mm; Farbe; USA; Regie und Drehbuch: Quentin Tarantino (Story: Roger Avary); Produktion: Lawrence Bender; ausführende Produktion: Danny DeVito, Michael Shamberg, Stacy Sher; ausführende Koproduktion: Richard N. Gladstein, Bob Weinstein, Harvey Weinstein; Kamera: Andrzej Sekula; Schnitt: Sally Menke; Ton: Stephen H. Flick; Produktionsdesign: David Wasco; Darsteller/-innen: John Travolta (Vincent Vega), Samuel L. Jackson (Jules Winnfield), Uma Thurman (Mia Wallace), Tim Roth (Pumpkin), Amanda Plummer (Honey Bunny/Yolanda), Eric Stoltz (Lance), Bruce Willis (Butch Coolidge), Ving Rhames (Marsellus Wallace), Phil LaMarr (Marvin), Maria de Medeiros (Fabienne), Rosanna Arquette (Jody), Peter Greene (Zed), Duane Whitaker (Maynard) u. a.

1997: *Jackie Brown*

154 Minuten; 35 mm; Farbe; USA; Regie und Drehbuch: Quentin Tarantino (Romanvorlage: Elmore Leonard); Produktion: Lawrence Bender; Koproduktion: Paul Hellerman; ausführende Pro-

duktion: Richard N. Gladstein, Elmore Leonard, Bob Weinstein, Harvey Weinstein; Kamera: Guillermo Navarro; Schnitt: Sally Menke; Ton: Stephen H. Flick; Produktionsdesign: David Wasco; Darsteller/-innen: Pam Grier (Jackie Brown), Samuel L. Jackson (Ordell Robbie), Robert Forster (Max Cherry), Bridget Fonda (Melanie Ralston), Robert De Niro (Louis Gara), Michael Keaton (Ray Nicolette), Michael Bowen (Mark Dargus), Chris Tucker (Beaumont Livingston) u. a.

2003: *Kill Bill: Vol. 1*

111 Minuten; 35 mm; s/w und Farbe; USA; Regie und Drehbuch: Quentin Tarantino; Produktion: Lawrence Bender; Animationsfilm: Production IG (Tokio, Japan); ausführende Produktion: Erica Steinberg, E. Bennett Walsh, Bob Weinstein, Harvey Weinstein; Kamera: Robert Richardson; Schnitt: Sally Menke; Ton: Wylie Stateman; Originalmusik: RZA; Produktionsdesign: Tohei Taneda, David Wasco; Darsteller/-innen: Uma Thurman (The Bride), Lucy Liu (O-Ren Ishii), Vivica A. Fox (Vernita Green), Daryl Hannah (Elle Driver), David Carradine (Bill), Michael Madsen (Budd), Julie Dreyfus (Sofie Fatale), Sonny Chiba (Hattori Hanzō) u. a.

2004: *Kill Bill: Vol. 2*

137 Minuten; 35 mm; s/w und Farbe; USA; Regie und Drehbuch: Quentin Tarantino; Produktion: Lawrence Bender; ausführende Produktion: Erica Steinberg, E. Bennett Walsh, Bob Weinstein, Harvey Weinstein; Produktionsdesign: David Wasco; Kamera: Robert Richardson; Schnitt: Sally Menke; Ton: Wylie Stateman; Originalmusik: Robert Rodriguez; Produktionsdesign: David Wasco; Darsteller/-innen: Uma Thurman (Beatrix Kiddo), Daryl Hannah (Elle Driver), David Carradine (Bill), Michael Madsen (Budd), Gordon Liu (Pai Mei), Michael Parks (Esteban Vihaio), Bo Svenson (Reverend Harmony) u. a.

2007: *Death Proof* (dt.: *Death Proof – Todsicher*)

113 Minuten; 35 mm; s/w und Farbe; USA; Regie, Drehbuch und Kamera: Quentin Tarantino; Produktion: Elizabeth Avellan, Robert Rodriguez, Erica Steinberg, Quentin Tarantino; ausführende Produktion: Shannon McIntosh, Bob Weinstein, Harvey Weinstein; Schnitt: Sally Menke; Ton: Wylie Stateman; Produktionsdesign: Steve Joyner; Darsteller/-innen: Kurt Russell (Stuntman Mike), Zoë Bell (Zoë Bell), Rosario Dawson (Abernathy), Vanessa Ferlito (Arlene), Sydney Tamiia Poitier (Jungle Julia), Tracie Thoms (Kim), Rose McGowan (Pam), Jordan Ladd (Shanna), Mary Elizabeth Winstead (Lee), Eli Roth (Dov) u. a.

2009: *Inglourious Basterds*

153 Minuten; 35 mm; Farbe; USA; Regie und Drehbuch: Quentin Tarantino; Produktion: Lawrence Bender; Koproduktion: Christoph Fisser, Henning Molfenter, Carl L. Woebcken; ausführende Produktion: Erica Steinberg, Lloyd Phillips, Bob Weinstein, Harvey Weinstein; Kamera: Robert Richardson; Schnitt: Sally Menke; Ton: Wylie Stateman; Produktionsdesign: David Wasco; Darsteller/-innen: Christoph Waltz (Col. Hans Landa), Brad Pitt (Lt. Aldo Raine), Mélanie Laurent (Shosanna), Eli Roth (Sgt. Donny Donowitz), Michael Fassbender (Lt. Archie Hicox), Diane Kruger (Bridget von Hammersmark), Daniel Brühl (Fredrick Zoller), Til Schweiger (Sgt. Hugo Stiglitz), Denis Ménochet (Perrier LaPadite), Sylvester Groth (Joseph Goebbels) u. a.

2012: *Django Unchained*

165 Minuten; 35 mm; Farbe; USA; Regie und Drehbuch: Quentin Tarantino; Produktion: Reginald Hudlin, Pilar Savone, Stacey Sher; ausführende Produktion: Shannon McIntosh, Michael Shamberg, James W. Skotchdopole, Bob Weinstein, Harvey Weinstein; Kamera: Robert Richardson; Schnitt: Fred Raskin; Ton: Wylie Stateman; Originalmusik: Anthony Hamilton & Elayna Boynton, Rick Ross, Ennio Morricone & Elisa Toffoli, John Legend, Brother Dege; Produktionsdesign: J. Michael Riva; Darsteller/-innen: Jamie Foxx

(Django), Christoph Waltz (Dr. King Schultz), Leonardo DiCaprio (Calvin Candie), Kerry Washington (Broomhilda Von Shaft), Samuel L. Jackson (Stephen), Don Johnson (Big Daddy), Franco Nero (Amerigo Vessepi) u. a.

2015: *The Hateful Eight*

167/187 Minuten; 70 mm; Farbe; USA; Regie und Drehbuch: Quentin Tarantino; Produktion: Richard N. Gladstein, Shannon McIntosh, Stacey Sher; ausführende Produktion: Georgia Kacandes, Bob Weinstein, Harvey Weinstein; Kamera: Robert Richardson; Schnitt: Fred Raskin; Ton: Harry Cohen, Wylie Stateman; Originalmusik: Ennio Morricone; Produktionsdesign: Yohei Taneda; Darsteller/-innen: Samuel L. Jackson (Major Marquis Warren), Kurt Russell (John Ruth), Jennifer Jason Leigh (Daisy Domergue), Walton Goggins (Sheriff Chris Mannix), Demián Bichir (Bob), Tim Roth (Oswaldo Mobray), Michael Madsen (Joe Gage), Bruce Dern (General Sandy Smithers) u. a.

Weitere Titel aus der Reihe

„directed by"

Franziska Heller

Alfred Hitchcock
Einführung in seine Filme und Filmästhetik

2015. 201 Seiten,
31 s/w Abb., kart.
ISBN 978-3-7705-5783-7

Susanne Kaul,
Jean-Pierre Palmier

David Lynch
Einführung in seine Filme und Filmästhetik

2011. 158 Seiten,
24 s/w Abb., kart.
ISBN 978-3-7705-5098-2

Wilhelm Fink

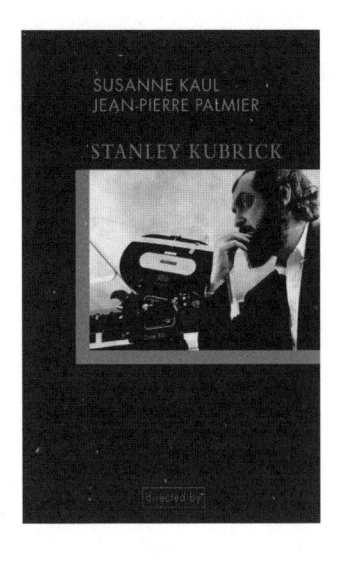

Susanne Kaul,
Jean-Pierre Palmier

Stanley Kubrick

Einführung in seine Filme
und Filmästhetik

2010. 146 Seiten,
22 s/w Abb., kart.
ISBN 978-3-7705-4752-4

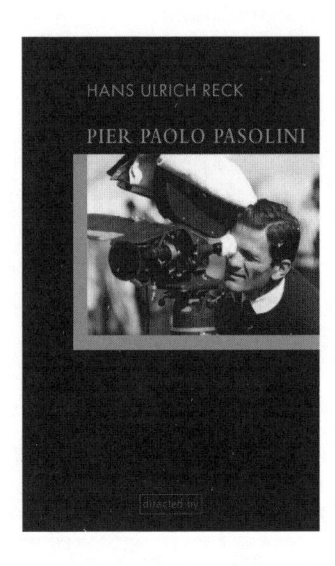

Hans Ulrich Reck

Pier Paolo Pasolini

2010. 235 Seiten,
1 s/w Abb., kart.
ISBN 978-3-7705-5069-2

Weitere Informationen zur Reihe finden Sie unter

www.fink.de

Wilhelm Fink